# A Ação Civil Pública no Processo do Trabalho

## Gilberto Stürmer

*Advogado e Parecerista. Ex-Conselheiro da Ordem dos Advogados do Brasil — Seccional Rio Grande do Sul (2013 a 2015). Professor de Direito do Trabalho e Direito Processual do Trabalho na PUCRS (Graduação, Especialização, Mestrado e Doutorado). Coordenador do Curso de Especialização em Direito e Processo do Trabalho na PUCRS. Coordenador do Grupo de Pesquisa "Estado, Processo e Sindicalismo", do Programa de Pós-Graduação em Direito da PUCRS. Mestre em Direito pela PUCRS. Doutor em Direito do Trabalho pela UFSC. Pós-Doutor em Direito pela Universidade de Sevilha (Espanha). Titular da Cadeira n. 100 da Academia Brasileira de Direito do Trabalho. Fundador e Titular da Cadeira n. 4 da Academia Sul-Riograndense de Direito do Trabalho.*

## Juliano Gianechini Fernandes

*Advogado, Mestre em Direito pela Pontifícia Universidade Católica do Rio Grande do Sul — PUCRS; Graduado pela Universidade Luterana do Brasil — ULBRA; possui Pós-Graduação em Direito do Trabalho e Processo do Trabalho pela Faculdade Meridional IMED. Atualmente é Advogado, Professor na Graduação e Pós-graduação da UniRitter — Laureate International Universities; Professor em 2013 e 2014 no Instituto de Desenvolvimento Cultural (IDC) em cursos preparatórios para concursos, Pós-Graduação e exame da OAB; Professor convidado nos Cursos de Pós-Graduação em Direito e Processo do Trabalho da Pontifícia Universidade Católica do Rio Grande do Sul — PUCRS, Faculdade CNEC e do Centro Universitário Franciscano — UNIFRA; Professor convidado em cursos de extensão da Escola Superior da Advocacia — ESA/RS; Membro da Associação Sul-Riograndense de Direito do Trabalho titular da Cadeira n. 16, Membro dos Grupos de Estudos "Processos Coletivos" e "Estado, Processo e Sindicalismo", na Pontifícia universidade Católica do Rio Grande do Sul — PUCRS. Pesquisador acadêmico.*

GILBERTO STÜRMER
JULIANO GIANECHINI FERNANDES

# A Ação Civil Pública no Processo do Trabalho

**LTr 80**

**LTr EDITORA LTDA.**

© Todos os direitos reservados

Rua Jaguaribe, 571
CEP 01224-003
São Paulo, SP — Brasil
Fone (11) 2167-1101
www.ltr.com.br
Junho, 2016

Produção Gráfica e Editoração Eletrônica: R. P. TIEZZI
Projeto de Capa: FABIO GIGLIO
Impressão: BARTIRA

Versão impressa — LTr 5575.4 — ISBN 978-85-361-8873-7
Versão digital    — LTr 8946.0 — ISBN 978-85-361-8850-8

Dados Internacionais de Catalogação na Publicação (CIP)
(Câmara Brasileira do Livro, SP, Brasil)

Stürmer, Gilberto

    A ação civil pública no processo do trabalho / Gilberto Stürmer, Juliano Gianechini Fernandes. — São Paulo : LTr, 2016.

    Bibliografia.

    1. Ação civil 2. Direito do trabalho 3. Direito processual do trabalho 4. Jurisdição trabalhista 5. Ministério público I. Fernandes, Juliano Gianechini. II. Título.

16-02861                                       CDU-347.922:331

Índice para catálogo sistemático:

1. Ação civil pública : Processo trabalhista : Direito do trabalho 347.922:331

*Para Amélia, Luiza e Laura.*
*Porque é delas tudo o que faço.*

Gilberto Stürmer

*Dedico este trabalho ao meu filho Vitor Oliveira Fernandes (o Vitinho) e à minha esposa Maristela, juntos, são a principal motivação de todo esforço que realizo em busca de qualificação profissional e também de todos estudos e conhecimentos desenvolvidos no intuito de me tornar uma pessoa melhor como ser humano.*

*Juliano Gianechini Fernandes*

*À minha família, sempre. Ao querido colega, parceiro e amigo Juliano,
pela competência, pela seriedade e pela amizade.*

*Gilberto Stürmer*

# *Agradecimentos*

Ao concluir o presente trabalho, importante referir meus agradecimentos àquelas pessoas que de alguma forma deram sua contribuição muito importante para que eu realizasse esse sonho.

Agradeço primeiramente a Deus, por sempre iluminar meu caminho, pela proteção e forças para enfrentar os obstáculos que o destino me reserva.

À minha querida e amada esposa Maristela da Rosa Oliveira Fernandes, companheira e amiga de todas as horas desde o início da graduação. Pelo incentivo, ajuda nos momentos difíceis e de incertezas sobre qual caminho seguir. Pela compreensão de todas as horas ausentes em busca desse sonho. Também és forte motivação de meu crescimento profissional e pessoal. Juntamente com ela, agradeço ao nosso amado filho Vitor Oliveira Fernandes, simplesmente por existir, pois isso já explica tudo.

Aos meus pais Antônio Carlos Braga Fernandes e Izolete Gianechini Fernandes, pela base familiar que me fez crescer e buscar o conhecimento científico. Ao meu irmão Caciano Gianechini Fernandes pelo apoio e incentivo. Agradeço a vocês também por todo carinho, amor, dedicação e compreensão que obtive ao longo de todo mestrado e de toda vida. À minha querida, eterna e amada Vó Neyth Braga Fernandes, pelo carinho maternal que dedicou a mim durante sua vida, algo imensurável, não sei se conseguirei retribuir um dia.

Ao meu estimado mestre e amigo Professor Pós-doutor Gilberto Stürmer, por ter reservado horas de seu tempo dedicadas à elaboração e conclusão deste trabalho. Pela confiança nas atividades acadêmicas e simplicidade nos valiosos ensinamentos que tive a grata satisfação de receber nos dois anos de curso entre aulas, orientações e demais atividades realizadas. Não tenho palavras para agradecer a amizade e o especial convívio que espero perdurar por muitos anos.

Ao mestre e amigo Professor Dr. José Maria Rosa Tesheiner, por toda simplicidade e dedicação que tem com os alunos e colegas, pela grande amizade e por horas imensamente agradáveis de muito estudo, pesquisa e descontração.

À Professora Dra. Denise Pires Fincato, pela forma simples de tratar seus alunos, pela especial atenção que disponibilizou à minha pesquisa num momento tão difícil de sua vida pessoal, jamais fazendo sobrepor seu imenso conhecimento e qualificação diante de um simples pesquisador.

Aos Professores(as) Dra. Olga Maria Boschi Aguiar de Oliveira, Dr. Rodrigo Coimbra e Dr. Maurício de Carvalho Goes pelas valiosas opiniões científicas.

A todos os meus amigos que ajudaram de alguma forma na busca deste sonho: especialmente à Rachel Marques da Silva (a professorinha), pela grande amizade e principalmente por acreditar sempre no meu trabalho e incentivar ao início de minha carreira acadêmica. Ao amigo Alessandro Gorziza de Souza, à Caren Klinger, ao Rennan Faria Kruger Thamay, ao Rodrigo Wasen Galia, à Roberta Scalzilli, e ao meu tio Roberto Braga Fernandes pelo apoio e momentos de boas conversas. Aos professores e colegas de faculdade, de modo especial Eduardo Brandão, Altemar Constante Pereira Júnior, José Antônio Linck, Rômulo Alegretti, enfim, todos os colegas e apoiadores.

Finalmente, ao grande colega de mestrado e amigo Maurício Antonacci Krieger, pessoa especial. Amigo que levo para todos os tempos.

*Juliano Gianechini Fernandes*

# Sumário

**Prefácio** ............................................................................................ 17

**Notas Introdutórias dos Autores** ................................................. 19

### Capítulo 1 — *Constituição Federal e Direitos Fundamentais Sociais*

1. Constituição Federal e Direitos Fundamentais Sociais ............... 23
   - 1.1. A evolução constitucional e interpretativa no Brasil ........ 23
   - 1.2. Os destinatários dos direitos sociais e o problema da concretização dessas normas .......................................................... 27
2. Os direitos sociais laborais ............................................................ 31
   - 2.1. Síntese da ideia inicial de trabalho .................................... 33
   - 2.2. Desenvolvimento empresarial no período das revoluções industrial e francesa ................................................................... 35
   - 2.3. Uma síntese sobre as constituições sociais modernas ...... 37
   - 2.4. A evolução do direito do trabalho no Brasil e os direitos sociais fundamentais ............................................................ 39
   - 2.5. Princípios fundamentais .................................................... 45
   - 2.6. Da ordem econômica e social ............................................ 49

3. Dos direitos metaindividuais e sua tipologia ..............................................51

    3.1. Dos direitos coletivos e o problema conceitual ..................................53

    3.2. Dos direitos difusos ..............................................................................54

    3.3. Dos direitos individuais homogêneos ..................................................55

4. Do moderno sistema de acesso coletivo à justiça ..........................................56

### Capítulo 2 — *Teoria Geral e Evolução Histórica da Ação Civil Pública*

2. Teoria geral e evolução histórica da ação civil pública..................................66

    2.1. Origem e conceito da ação civil pública ..............................................66

    2.2. Objeto da ação civil pública..................................................................75

    2.3. Finalidade da ação civil pública ............................................................80

    2.4. Competência da ação civil pública........................................................84

    2.5. Legitimidade ativa e passiva na ação civil pública ..............................88

    2.6. Sentença e coisa julgada na ação civil pública.....................................93

### Capítulo 3 — *A Ação Civil Pública no Processo do Trabalho Brasileiro: Tendência de Jurisdição na Sociedade Contemporânea*

3. A ação civil pública no processo do trabalho brasileiro: tendência de jurisdição na sociedade contemporânea ..................................................103

    3.1. Conceito na visão trabalhista .............................................................112

    3.2. Os direitos fundamentais dos trabalhadores como objeto da ação civil pública trabalhista....................................................................115

    3.3. Finalidade da ação civil pública trabalhista.......................................126

    3.4. Competência na ação civil pública trabalhista ..................................129

    3.5. Legitimidade ativa e passiva na ação civil pública trabalhista: enfoque especial ao ministério público do trabalho ...........................135

    3.6. Breves considerações sobre a sentença e coisa julgada na ação civil pública trabalhista ......................................................................144

    3.7. Recursos cabíveis na ação civil pública trabalhista...........................150

3.8. Da liquidação de sentença e execução na ação civil pública trabalhista: considerações gerais ............................................................. 153

3.9. Breves considerações acerca de outros instrumentos para tutela coletiva dos direitos dos trabalhadores ........................................... 155

3.10. A aplicação imediata dos direitos fundamentais dos trabalhadores e a duração razoável do processo ............................................... 160

**Conclusão** ............................................................................................... 167

**Referências Bibliográficas** .................................................................... 171

# *Prefácio*

Juliano Gianechini Fernandes e Gilberto Stürmer examinam, neste livro, como indica o seu título, a ação civil pública no processo do trabalho, distinguindo-a dos dissídios coletivos.

Adotam a orientação de admitir amplamente a ação civil pública, na Justiça do Trabalho, nos limites de sua competência material.

Servem-se os Autores da obra de Carlos Henrique Leite, para sustentar a legitimidade do Ministério Público para propor ação civil pública para a tutela de direitos individuais homogêneos, inclusive quando disponíveis. Quanto aos indisponíveis, há a previsão constitucional. Quanto aos disponíveis, embora concorde com os Autores, senti a falta de uma fundamentação melhor do que a simples autoridade de um jurista.

Observo que se encontram, em todos os ramos do Direito, orientações contrastantes: uma, procurando isolar a respectiva área de interesse, buscando evitar qualquer "contaminação", assim criando-se um sistema fechado; a outra, vendo a respectiva área como simples parte de um todo, constituído este, no plano normativo, pelo sistema jurídico e, no da ciência jurídica, pela teoria geral do Direito. O exclusivismo é às vezes devido à vontade de demarcar um território próprio, ao abrigo da invasão de ideias alheias.

Não é diferente o que ocorre no processo trabalho, que se empobrece, quando se tenta isolá-lo dos demais ramos do direito e, em especial, do processo civil. Lembro-me a propósito, de que, há muitos anos duvida-se do cabimento, nela, de mandado de segurança. Serve essa rememoração para demonstrar o quanto se perde quando se deixa de ver o sistema jurídico como um todo orgânico, desenhando-o como um mosaico, sem conexão necessária entre as partes.

Não vai nisso uma censura aos juslaboralistas, porque bem se pode lembrar quanto perdeu o processo civil, quando, ao se introduzir o procedimento sumário, deixou-se de atender à vasta experiência do judiciário trabalhista no trato da matéria. Ademais, foi o Direito do Trabalho, com seus dissídios coletivos, o primeiro a regular um processo para a tutela de direitos coletivos *stricto sensu*.

O processo é instrumento para a concretização do Direito. Há direitos difusos, coletivos *stricto sensu* e individuais homogêneos? Sem dúvida. Quanto aos difusos, basta lembrar as ações relativas ao meio ambiente do trabalho. Quando os coletivos *stricto sensu*, os melhores exemplos se encontram nos direitos das categorias profissionais, inconfundíveis com os direitos individuais dos integrantes dessas categorias. A existência de direitos individuais homogêneos no âmbito trabalhista não necessita de demonstração.

Não há, pois, como sustentam os Autores, motivo para restrições à ação civil pública na Justiça do Trabalho, no âmbito de sua competência própria.

O tema principal, abordado no capítulo II, é precedido e introduzido pelo exame dos direitos fundamentais sociais na Constituição, especialmente os laborais, no capítulo I, e pelo estudo da teoria geral e evolução histórica da ação civil pública, no capítulo II.

Uma obra valiosa.

*José Maria Tesheiner*

# *Notas Introdutórias dos Autores*

O estudo proposto é de extrema importância para a sociedade e atual nas discussões realizadas pela comunidade jurídica, principalmente no que diz respeitos ao desenvolvimento das demandas coletivas que tramitam nos tribunais laborais brasileiros.

Portanto, a pesquisa poderá trazer maiores compreensões aos estudiosos, de maneira prática e doutrinária, na perspectiva de aplicação das normas contidas no inciso LXXVIII e § 1º do art. 5º da Carta Magna brasileira. Além disso, deve-se chamar atenção à forma como a vida das pessoas está sendo atingida pelo Poder Judiciário, tanto positiva como negativamente, pois até então somente tem-se completa a legislação processual quando tratamos de demandas individuais, sendo o processo coletivo[1] pouco abordado pelos legisladores e doutrinadores jurídicos. Insta referir ainda que o processo civil coletivo vem ganhando força, e sua aplicação hodiernamente se caracteriza pela proteção dos direitos difusos, coletivos *stricto sensu* e individuais homogêneos.

De outro lado, sabe-se que os direitos coletivos já são, de algum tempo, regulamentados no âmbito do processo do trabalho brasileiro, porém resta saber se a finalidade e natureza jurídica dessa última área de concentração almejam o mesmo objetivo ao final da demanda, ou se podem sofrer variações em função das normas específicas que abrangem a categoria dos trabalhadores brasileiros. Busca-se entender se os dissídios coletivos, ação de cumprimento, mandado de segurança coletivo e ação civil coletiva são instrumentos iguais à Ação Civil Pública, similares ou se cada Ação possui objetivos peculiares.

O estudo pretende principalmente analisar de forma crítica e analítica leis, doutrinas e decisões proferidas pelos tribunais trabalhistas brasileiros nas

---
(1) Sobre Processos Coletivos ver *site* de referência no tema: <www.processoscoletivos.net>, o qual tem como editor José Maria Rosa Tesheiner.

ações civis públicas propostas perante suas jurisdições, se realmente atingem os fins constitucionais a que se propõe o instituto processual.

Serão abordadas obras desenvolvidas sobre o tema, opiniões de autores importantes nas áreas da sociologia e do direito. Também se pretende analisar o contexto das decisões judiciais em face das normas e princípios constitucionais e processuais existentes, comentando sobre a possibilidade de relativização da utilização deste meio processual no processo do trabalho brasileiro.

Busca-se apontar possíveis soluções de maneira que o cidadão brasileiro não seja tolhido em seus direitos fundamentais pelas decisões judiciais, preservando-se a Constituição Federal como lei maior a ser observada e a paz na sociedade garantida por meio do Poder Judiciário. Assim, pode-se dizer que há um conceito material, além do formal, de Constituição, e, nesse sentido, existem direitos que, por seu conteúdo, pertencem ao corpo fundamental da Constituição, mesmo não constando no catálogo.[2]

Na pesquisa, será feita análise histórica sobre o desenvolvimento da sociedade e das normas materiais e processuais. No sentido de esclarecer melhor o assunto, apontam-se como indagações os seguintes questionamentos: Qual a origem da ação civil pública no Brasil? Qual o vínculo da ação civil pública com o processo do trabalho brasileiro especialmente no que diz respeito à norma expressa pelo § 1º do art. 5º da Constituição Federal de 1988? É possível postular por meio da ação civil pública na Justiça do Trabalho interesses metaindividuais sem quaisquer restrições? Considerando o moderno sistema processual de acesso ao judiciário para postular interesses coletivos, aplica-se ao processo do trabalho a ação civil coletiva? Tem a mesma finalidade da ação civil pública? A ação civil pública é o principal instrumento de aplicação dos direitos fundamentais dos trabalhadores no âmbito do processo coletivo? Cumpre o princípio da duração razoável do processo expresso no inciso LXXVIII do art. 5º da Constituição Federal de 1988?

Ao final, pretende-se demonstrar qual o verdadeiro objetivo da ação civil pública no processo do trabalho brasileiro.

Por óbvio que não se pretende direcionar este estudo contra o Poder Judiciário ao aceitar a terminologia da ação civil pública quando se buscam os mais variados direitos, até porque é uma realidade sua utilização no Poder Judiciário, e ainda, este faz parte da construção de um Estado democratizado. Porém é necessário analisar uma melhor forma de utilização deste procedimento sem violar as normas processuais e conceituais já existentes.

---

(2) SARLET, Ingo Wolfgang. *A eficácia dos direitos fundamentais*. 5. ed. rev. atual. Porto Alegre: Livraria do Advogado, 2005. p. 91.

Na esfera da justiça do trabalho tem-se a intenção de responder de forma efetiva se a ação civil pública atende ao princípio do devido processo legal e da duração razoável do processo como meio de aplicação imediata dos direitos e garantias fundamentais sociais constitucionais assegurados aos trabalhadores.

Outra justificativa de cunho humanístico e social acredita haver um novo paradigma científico, o qual nos separa de pensamentos do mundo medieval trazendo à tona uma nova visão do mundo e da vida, onde os atores sociais protagonizam apaixonada luta contra todas as formas de dogmatismo e autoridade. É o "paradigma do conhecimento prudente e de uma vida decente".[3]

No primeiro capítulo, aborda-se a Constituição Federal no âmbito dos direitos sociais fundamentais expressamente previstos, sua evolução teórica e interpretativa, bem como os destinatários diante do problema de concretização de tais direitos. Especificando mais o tema, passa-se ainda no mesmo capítulo, ao estudo dos direitos sociais laborais abordando o trabalho desde sua época mais remota. Uma abordagem histórica sobre as revoluções industrial e francesa, o constitucionalismo social no mundo e a evolução legislativa do direito do trabalho brasileiro. Finalizando o primeiro capítulo, apontam-se os conceitos dos direitos metaindividuais, modalidade de extrema importância e de discussão atual no meio acadêmico e jurisdicional. Para salvaguardar tais direitos, demonstra-se que há uma nova tendência de acesso ao judiciário, ou seja, a busca dos direitos de maneira coletiva, ou moderno sistema de acesso à justiça.

Ao adentrar no segundo capítulo, já aprofundando os estudos em relação ao processo coletivo, abordam-se a evolução história e a teoria geral do instituto da ação civil pública, modalidade processual utilizada para a proteção dos interesses ou direitos metaindividuais, assim classificados no primeiro capítulo. Será analisado o instituto processual com os seguintes subtítulos: origem e conceito, objeto, finalidade, competência de julgamento, legitimidade, sentença e coisa julgada.

No terceiro e último capítulo, da mesma forma que o anterior, serão abordados os mesmos tópicos da ação civil pública, acrescentando breves linhas a respeito da liquidação e execução de sentença, bem como recursos cabíveis no processo, porém com ênfase no instituto quando proposto no âmbito da Justiça do Trabalho para a tutela dos direitos e interesses metaindividuais dos trabalhadores brasileiros. Tendo em vista a abordagem de tutela coletiva dos direitos dos trabalhadores, também há de se fazerem breves considerações sobre os demais instrumentos processuais que podem ser utilizados para postular

---

[3] SANTOS, Boaventura de Sousa. *Um discurso sobre as ciências*. 13. ed. São Paulo: Afrontamento, 2002. p. 12 e 37. Coleção Histórias e Ideias.

direitos de maneira coletiva: os dissídios coletivos, a ação de cumprimento, o mandado de segurança coletivo e a ação civil coletiva prevista no código de proteção e defesa do consumidor.

Ao final do último capítulo, far-se-á uma análise na tentativa de classificar um dos instrumentos judiciais coletivos como principal meio de aplicação imediata dos direitos fundamentais dos trabalhadores, considerando a duração razoável do processo, cláusulas pétreas expressas na Carta Magna no inciso LXXVIII e § 1º do art. 5º.

A metodologia escolhida foi de uso do método hipotético-dedutivo, utilizando a hermenêutica e os novos rumos processuais como base, no sentido de compreender qual a verdadeira finalidade da ação civil pública no processo do trabalho brasileiro, verificando se o instituto processual atinge, observando a duração razoável do processo, os objetivos de aplicação dos direitos e garantias sociais fundamentais dos trabalhadores assegurados pela Constituição Federal de 1988 e legislação recepcionada ou derivada da própria Carta Magna.

Em todos os capítulos descritos, além da legislação e doutrina brasileira pesquisadas (livros e artigos publicados), apresenta-se breve estudo de jurisprudência colacionada no corpo do trabalho, bem como abordagem de doutrinas estrangeiras que serão apresentadas ao leitor. Em relação à legitimidade do Ministério Público brasileiro, far-se-á também breve comparação com a legislação atual da Espanha conforme se demonstra no terceiro capítulo.

Por fim, na tentativa de elucidar os problemas levantados no início do trabalho, confirmando-se ou não as hipóteses iniciais, apresentam-se a conclusão do presente estudo e as referências bibliográficas pesquisadas no desenvolvimento da pesquisa.

# Capítulo 1

# *Constituição Federal e Direitos Fundamentais Sociais*

*1. Constituição Federal e Direitos Fundamentais Sociais*

**1.1. A evolução constitucional e interpretativa no Brasil**

A Constituição Federal de 1988 foi a primeira na história do Brasil a destinar um capítulo específico sobre os direitos e garantias fundamentais, colocando entre estes os chamados direitos fundamentais sociais, todos elencados no Título II do Capítulo II da referida Carta. Para os fins do presente estudo, cumpre salientar o extenso rol de direitos dos trabalhadores, positivado nos arts. 7º, atualmente com 34 (trinta e quatro) incisos, 8º, 9º, 10 e 11. Exceto as Constituições de 1824 e 1891, as Cartas anteriores já previam direitos sociais, especialmente em relação aos trabalhadores, tendo em vista que as décadas de 30 (trinta) e 40 (quarenta) foram deveras marcantes na seara laboral, especialmente no que diz respeito à criação do Ministério do Trabalho, Indústria e Comércio, e edição da Consolidação das Leis Trabalhistas, CLT. Porém, somente na Constituição atual tais normas ganharam o caráter de direitos fundamentais.

Além dos direitos dos trabalhadores, de acordo com o art. 6º da Constituição Federal, são direitos sociais a educação, a saúde, a alimentação, o trabalho, a moradia, o lazer, a segurança, a previdência social, a proteção à maternidade e à infância, a assistência aos desamparados. Assim, o que se encontrava no texto esparso das Cartas que antecederam a atual foi concentrado em capítulo único atualmente, sendo complementados, por outros dispositivos no decorrer do texto normativo, tratando de incentivos e demais condições de aplicação dos referidos artigos. E mais, no presente contexto, os dispositivos carregam a chancela de normas fundamentais mínimas para o desenvolvimento da sociedade.

O que chama atenção também em relação às condições sociais fundamentais mínimas que devem existir no Estado democrático de direito é o fato de que o texto constitucional, em algumas hipóteses, acaba gerando a possibilidade de norma infraconstitucional receber o mesmo caráter protetivo. A título de exemplo, cita-se o *caput* do art. 7º quando menciona que "são direitos dos trabalhadores urbanos e rurais, *além de outros que visem a melhoria da sua condição social* (Grifo nosso). Note-se que há viés interpretativo no sentido de que qualquer norma derivada de direitos dos trabalhadores, diga-se lei ordinária ou complementar, tratados internacionais, etc., pode ter caráter de direito social fundamental complementando os que já estão expressos na Constituição Federal de 1988. A percepção vai ao encontro da ideia de Ingo Wolfgang Sarlet quando afirma existirem direitos fundamentais inclusive fora do texto constitucional. Assim, como já dito alhures, pode-se afirmar que há um conceito material, além do formal, de Constituição e que neste sentido existem direitos que, por seu conteúdo, pertencem ao corpo fundamental da Constituição de um Estado, mesmo que não constando no catálogo.[4]

Os direitos sociais vieram com tamanha força no texto da lei maior, que inicia-se um compromisso já no preâmbulo da Carta quando os representantes do povo pretendem instituir um Estado democrático destinado a assegurar o exercício dos direitos sociais e individuais. Logo em seguida, de uma forma genérica, aparecem como primeiros fundamentos de constituir o referido Estado democrático de direito, nos incisos III e IV do art. 1º, a dignidade da pessoa humana e os valores sociais do trabalho e da livre-iniciativa.

A dignidade da pessoa humana é princípio mundialmente reconhecido, inclusive no trato normativo e político de relacionamentos com outros países pelo Brasil conforme art. 3º, II, da Constituição, afirmando-se a prevalência dos direitos humanos no regimento das relações internacionais. Portanto, os direitos sociais fazem parte diretamente da dignidade da pessoa humana, entre estes, os direitos dos trabalhadores brasileiros. Nas palavras de Ingo Wolfgang

---

(4)   Cf. SARLET, Ingo Wolfgang. *A eficácia dos direitos fundamentais. Uma teoria geral dos direitos fundamentais na perspectiva constitucional.* 12. ed. rev. atual. Porto Alegre: Livraria do Advogado, 2014. p. 92-4.

Sarlet, "se pode afirmar que a dignidade da pessoa humana é também o fundamento e o fim da ordem econômica na Constituição".[5]

Ainda em complemento aos dispositivos constitucionais sociais fundamentais previstos na Carta Magna, importante referir o art. 170 da Lei Maior, tendo em vista a afirmação como fundamento da ordem econômica e social brasileiras, a valorização do trabalho humano e da livre-iniciativa. Tais condições, estão ligadas diretamente a uma existência digna para todos nos ditames da justiça social.

Diante da valorização atribuída pela norma maior, verifica-se uma intensa busca de efetividade e concretização dos direitos sociais fundamentais, necessário inclusive uma aplicação conjunta dos dispositivos constitucionais, infraconstitucionais, bem como os modos de interpretação dados pelos Tribunais também caminhem no sentido de dar eficácia aos direitos elencados como requisitos mínimos existenciais de uma sociedade. Diz Ingo Wofgang Sarlet:

> (...) é preciso infatizar que os direitos sociais somente podem ser compreendidos (e aplicados) de modo adequado a partir de uma análise sistemática de todas as normas constitucionais que direta e indiretamente a eles se vinculam, bem como à luz de toda legislação infraconstitucional e da jurisprudência que os concretiza. Além disso, na sua condição de direitos fundamentais (pelo menos esta a perspectiva adotada), os direitos sociais exigem uma abordagem que esteja em permanente diálogo com a teoria geral dos direitos fundamentais.[6]

O contexto social na atualidade direciona o Poder Judiciário em países que adotam o Estado Democrático de Direito, no sentido de cada vez mais atender aos anseios do jurisdicionado e da sociedade como um todo, pois os modos de interpretação devem ser modificados sempre que necessário, buscando um ideal de aplicação das normas, especialmente as de direitos e garantias fundamentais. Nos Estudos do sociólogo Zygmunt Bauman[7], o ser humano estará sempre se descobrindo no decorrer dos anos, sendo um processo infindável. O mesmo autor também traz um conceito sociológico de justiça, que dentro da expectativa de aplicação dos direitos talvez traduza o ideal de aplicação de normas pelo Poder Judiciário. Bauman afirma que, para alcançar o caminho da justiça, o ser humano deve começar em suas origens, tratando-se de um

---

(5) Cf. SARLET, Ingo Wolfgang; MARINONI, Luiz Guilherme; MITIDIERO, Daniel. *Curso de direito constitucional*. 2. ed. rev. atual. e ampl. São Paulo: Revista dos Tribunais, 2013. p. 556.
(6) SARLET, Ingo Wolfgang; MARINONI, Luiz Guilherme; MITIDIERO, Daniel. *Curso de direito constitucional*, cit., p. 557.
(7) Cf. BAUMAN, Zygmunt. *Modernidade líquida*. Tradução de Plínio Dentizien. Rio de Janeiro: Zahar, 2001. p. 232.

íngreme percurso, sendo que tal busca começaria na própria casa do cidadão por meio do sentimento de moralidade. Tudo começa pelo respeito que temos ao próximo. Nas palavras do autor "justiça significa constante revisão da justiça, expectativa de uma melhor justiça".[8] Em síntese, traduz o sentido de uma ciência que deve sempre estar alcançando os padrões mais elevados de aplicação na busca de um Estado justo.

Por meio da Hermenêutica, é possível também atualizar o entendimento e a aplicação das normas no sentido de ir ao encontro da concretização do direito devido à mudança do contexto social. Assim, entende-se que no futuro certamente também será modificada a percepção obedecendo à evolução da sociedade.

Na mesma senda, interessante avaliar as diferenças propostas entre hermenêutica jurídica e hermenêutica histórica jurídica, pois no decorrer dos anos a compreensão e interpretação poderão sofrer significativas mudanças de acordo com o contexto social. A divergência entre as duas ciências ao estudar o mesmo objeto é de que o jurista toma o sentido da lei em determinado caso exposto. Já o historiador não tem nenhum caso de que partir, porém procura determinar o verdadeiro sentido da lei. As decisões nos tribunais brasileiros devem atingir seu fim social, ou seja, atender aos carentes de sua aplicação.

O contexto atual, de acordo com a distribuição de normas realizada pelo legislador constituinte coloca, portanto, os direitos sociais na posição de normas mínimas fundamentas. Dessa forma, entende-se que também se aplica a disposição do § 1º do art. 5º da mesma carta, impondo aplicação imediata aos destinatários, tendo o dever de observação, não só o poder judiciário, como também todos os entes estatais para dar eficácia e efetividade a todas essas normas. Por isso, em caso de postular por meio de processo judicial, não menos importante também é viabilizar, quando necessário, um meio processual que melhor atenda a concretização de tais direitos materiais para atender também o princípio processual expresso no rol dos direitos fundamentais por meio do inciso LXXVIII do mesmo artigo, qual seja, da duração razoável do processo.

A união entre as normas de direito material e direito processual, na perspectiva objetiva de aplicação dos direitos fundamentais sociais, reflete a ligação de tais direitos à finalidade e aos valores que a Constituição Federal busca serem respeitados e concretizados por toda sociedade. Materialização dos princípios da dignidade da pessoa humana, superação das desigualdades sociais e regionais, construção de uma sociedade livre, justa e solidária. Nesse sentido, novamente se remete à questão da eficácia dirigente ou irradiante, a qual impõe ao Estado o dever de permanente realização dos direitos sociais,

---

(8) Cf. BAUMAN, Zygmunt. *O mal-estar da pós-modernidade*. Tradução de Mauro Gama e Cláudia Martinelli Gama. Rio de Janeiro: Zahar, 1998.

tanto na questão das normas objetivas, quanto na possibilidade de interpretar normas infraconstitucionais no mesmo sentido.[9]

Por sua vez, os direitos sociais, além de imporem aos entes públicos e privados um dever de realização dos mesmos (função positiva/dever fazer), impõem ainda a função negativa, ou seja, de não intervenção, tanto do poder público quanto dos organismos privados, para a criação de normas que possam causar danos ou ameaçar os direitos mínimos de existência.[10]

## 1.2. Os destinatários dos direitos sociais e o problema da concretização dessas normas

No que diz respeito aos destinatários dos direitos sociais, tem-se de um modo universal que todos os indivíduos componentes do Estado democrático de direito, enquanto seres humanos, são beneficiários de tais normas. Em determinados setores, poderá haver algumas restrições, como por exemplo um grupo de trabalhadores em específica área de atuação, sendo que somente a estes alguns direitos sociais são assegurados devido à condição em que se encontram. Insta referir que a regra geral é da aplicação do princípio da universalidade dos direitos sociais, pois estão diretamente ligados à dignidade da pessoa humana.

Há um problema a ser apontado no que diz respeito à concretização das normas de direitos sociais previstas na Carta Magna tendo em vista a heterogeneidade e diversidade dos mesmos prevista na lei maior. Trata-se de normas de eficácia plena e de aplicação imediata, que diante da sua condição positiva, exigem na esfera subjetiva uma prestação dos órgãos estatais. Ou seja, há direitos sociais que, muito embora constem no catálogo, dependeriam de uma regulamentação para serem aplicados aos cidadãos. Tal regulamentação emana do Poder Legislativo (esta é a prestação que se aguarda), que muitas vezes deixa a desejar, fazendo com que os destinatários desses direitos fiquem carentes de sua eficácia e efetividade. Muitas vezes, ocorre a situação de demandas junto ao poder judiciário para ver a aplicação efetiva de tais normas. Nesse sentido, Ingo Wolfgang Sarlet:

> Assim, também para os direitos sociais, por força do disposto no art. 5º, § 1º, da CF, vale a premissa de que não é possível reduzir as

---
(9) Cf. SARLET, Ingo Wolfgang; MARINONI, Luiz Guilherme; MITIDIERO, Daniel. *Curso de direito constitucional*, p. 565.
(10) Sobre a função negativa e positiva dos direitos fundamentais. In: SARLET, Ingo Wolfgang; MARINONI, Luiz Guilherme; MITIDIERO, Daniel. *Curso de direito constitucional*, p. 259 e ss.

normas que os consagram a normas programáticas, de eficácia diferida, dependente sempre e integralmente da atuação complementar do legislador infraconstitucional. O problema da exigibilidade dos direitos sociais, contudo, se revela especialmente delicado (e a controvérsia na doutrina e mesmo em nível de jurisprudência assim o atesta), quando se trata de avaliar em que medida é possível, por intermédio do Poder Judiciário, impor ao Poder Público, isto é, quando se cuida de verificar a exigibilidade dos direitos sociais na condição de direitos originários a prestações, ou seja, de uma prestação não previamente assegurada por lei infraconstitucional e/ou já disponibilizada no sistema de bens e serviços por força de políticas públicas já existentes.[11]

O problema apontado gera duas questões que devem ser observadas. Em primeiro lugar, questiona-se a edição de uma norma de aplicação imediata (caso dos direitos fundamentais sociais de acordo com o § 1º do art. 5º da CF/88), que dependeria de uma prestação futura de outro ente estatal, ou seja, direito regulado por outra norma infraconstitucional, que poderá ou não já existir. Neste caso, e mais frequente de acontecer, é mais complicado ainda, pois fica-se no aguardo do Poder Legislativo tomar alguma providência para ver aquele direito alcançado aos destinatários. Um exemplo a ser citado é a própria lei do aviso prévio proporcional (Lei n. 12.506/2011), que foi editada 23 anos após a promulgação da Constituição Federal, que já previa aplicação do instituto pelo art. 7º, XXI. Em segundo lugar, quando o direito previsto não é alcançado ao destinatário ou no caso de não haver norma reguladora nem previsão de acontecimento, chega-se ao Poder Judiciário o pedido de aplicação de tal direito fundamental. Nessa hipótese, questiona-se se o Poder Judiciário tem atribuição de realizar políticas públicas em suas decisões, ou se haveria até mesmo uma interferência desse ente nas demais esferas do poder público, enquanto a própria Constituição determina o contrário, afirmando a independência e não ingerência dos três poderes federativos estatais, devendo os mesmos existirem e atuarem em harmonia de acordo com o pacto federativo. A atuação ilimitada do órgão jurisdicional poderia colocá-lo em nível superior aos poderes legislativo e executivo brasileiros.

No segundo problema apontado, busca-se uma atuação do judiciário por meio da sentença, de ver ou não a efetividade de uma norma prevista no texto de lei. Assim, muitas vezes a posição ativa do juiz de determinar a realização de tal direito é questionada e criticada por autores e até mesmo outros julgadores, chegando-se inclusive a mencionar outro problema existente no judiciário que

---

(11) SARLET, Ingo Wolfgang; MARINONI, Luiz Guilherme; MITIDIERO, Daniel. *Curso de direito constitucional*, p. 572.

é a questão do "ativismo judicial". Sobre esse tema, importante ainda deixar claro que no Brasil atualmente tem-se como uma forma proativa de atuação do Juiz ao utilizar dos meios de interpretação da lei. Por meio de seu trabalho de julgador, pode interferir, mesmo sem ter intenção, nos demais poderes estatais do Estado, porém não se pode confundir (embora em determinados momentos seja difícil), com a realização de políticas públicas, pois, como já dito por Morello, não é possível o juiz ficar inerte quando provocado, pois tem o dever funcional de alcançar a prestação jurisdicional.[12]

Pode-se por meio da própria Constituição Federal resolver objetivamente o problema da legitimidade de intervenção do Poder Judiciário no controle de políticas públicas quando se trata de dar eficácia e efetividade aos direitos e garantias sociais fundamentais, pois bastaria trazer como argumento a inafastabilidade da jurisdição como direito fundamental individual consagrado pelo inciso XXXV do art. 5º da CF/88. Dessa forma, asseguram-se aos cidadãos, de forma individual ou coletiva, os direitos sociais previstos na Carta Magna e ainda a possibilidade de postular tais direitos por meio do judiciário quando não concretizada a norma em discussão.

Outro ponto gerador de impacto na realização dos direitos fundamentais sociais fica por conta da chamada "reserva do possível", pois muitas vezes a principal alegação no caso de interromper, reduzir ou negar direitos previstos na legislação (caso de direitos dependentes de prestações positivas como fornecimento de educação pública ou recursos de saúde pelo SUS), é a indisponibilidade de tais recursos, fato de enorme motivação para a proposição de demandas judiciais, o que por consequência gera o problema citado no parágrafo anterior. O que é importante referir é o fato de que tais argumentos do poder público fortalecem a competência do judiciário para decidir em favor dos beneficiários dos direitos, tendo em vista tratar-se de normas que asseguram o mínimo existencial dos cidadãos que integram o Estado Democrático de Direito.

Em síntese, a reserva do possível não pode servir de óbice intransponível para a não realização de direitos sociais fundamentais, pois é dever dos entes estatais maximizar recursos fazendo com que tais normas sejam realmente efetivadas, quando necessário com intervenção do Poder Judiciário. A reserva do possível deve, em sua finalidade, ser realmente uma reserva para aplicação

---

(12) Sobre o ativismo judicial, importante referir MORELLO, Augusto Mario. *Opciones y alternativas en el derecho procesal*. Buenos Aires: Lajouane, 2006. p. 359 e ss. Cf. DINAMARCO, Cândido Rangel. *Instituições de direito processual civil*. 4. ed. São Paulo: Malheiros, 2004. p. 233-4. Nesse texto o autor refere que não se busca um juiz *Pilatos*, que deixa as coisas acontecerem, sem nada fazer, sendo um juiz não ativo.

das normas mínimas de existência previstas na Constituição Federal dentro de um critério de proporcionalidade e razoabilidade[13], pois os direitos sociais também não são direitos absolutos que possam se sobrepor a todo e qualquer argumento. Se o Estado alega indisponibilidade da reserva do possível, atrai para si o ônus da prova, tendo que demonstrar fato extremamente relevante, impeditivo de direito do cidadão autor do pedido.

Uma das maiores adversidades a ser superada, se é que possível falar em superação desse ponto, é o fato de que não existe um conceito doutrinário ou definição prática absolutos sobre "reserva do possível" e "mínimo existencial". Na verdade não há direito absoluto na legislação que não possa ser questionado com base nos princípios da razoabilidade e proporcionalidade. Todo critério de avaliação dependerá, para deferir ou não tal direito, de demonstrações de real necessidade de quem está postulando. Na esfera do mínimo existencial, não se quer uma definição sobre o papel de atuação reservado aos órgãos judiciais. Talvez um diálogo sobre as possibilidades técnicas e de atuação entre os entes estatais poderia favorecer a viabilização dos direitos sociais em sua plenitude de acordo com as máximas da razoabilidade e proporcionalidade. Nota-se que atualmente a independência dos poderes supera a harmonia prevista na Constituição, fato muitas vezes gerador das controvérsias apontadas acima.

Insta salientar, como bem apontado por Ingo Sarlet[14], que a proteção aos direitos fundamentais sociais, em muito ocorre diante de uma proibição de um retrocesso social no que diz respeito às normas que já foram consagradas no ordenamento pátrio com caráter de mínimo existencial de acordo com a dignidade da pessoa humana. Dessa forma, tem-se que, mesmo diante de dificuldades existentes no âmbito dos entes estatais para dar eficácia e efetividade aos direitos fundamentais sociais, tendo em vista o grande número de acontecimentos e transformações no atual contexto da sociedade, não se justifica suprimir ou reduzir as posições sociais e jurídicas já alcançadas outrora em tempos de evolução da sociedade no que diz respeito aos direitos fundamentais. Importante não esquecer, ainda, que tais normas encontram-se em posição privilegiada na Constituição, onde sua modificação está impedida pelo atributo de serem *"cláusulas petreas"*. Violar tais direitos a ponto de não mais considerá-los como fundamentais, considera-se a desconstituição do Estado atual, e a necessidade de promulgação de nova constituição. Qualquer norma posterior que venha dar essa interpretação deve ser declarada inconstitucional pelo Poder Judiciário. Em resumo, os direitos fundamentais sociais não estão à disposição plena dos entes federativos que compõem o Estado em seus poderes.

---

(13) Cf. FREITAS, Juarez. *A interpretação sistemática do direito.* 5. ed. São Paulo: Malheiros, 2005.
(14) Cf. SARLET, Ingo Wolfgang; MARINONI, Luiz Guilherme; MITIDIERO, Daniel. *Curso de direito constitucional*, p. 580.

Por outro lado, tendo em vista que, mesmo se tratando de direitos fundamentais, não há caráter absoluto atribuído, qualquer limitação que venha a ser aplicada aos direitos sociais deve ser visualizada dentro do critério de impor limite aos próprios limites de aplicação dos direitos. Em primeiro lugar, para que haja tal limitação, somente se possibilita se for para salvaguardar outra norma de direito constitucional em um critério de maior proporcionalidade e ponderação a serem observados. Em segundo lugar, tal limitação de aplicação do direito social não pode caracterizar sua alteração ou supressão do texto normativo, pois afetaria a própria autonomia dos direitos fundamentais e o critério da indisponibilidade atribuído pela própria Constituição Federal. Em terceiro lugar, quando utilizado o critério da proporcionalidade, não pode se verificar uma proteção insuficiente à norma a qual que está sendo limitada sua aplicação, e, por último, deve-se observar o princípio da segurança jurídica e da coisa julgada no que diz respeito ao ato jurídico perfeito e direito adquirido.[15]

A seguir, tratar-se-á, em breves considerações, sobre os direitos sociais fundamentais dos trabalhadores brasileiros, consagrados na Constituição Federal pela primeira vez na história da legislação como normas atribuídas ao mínimo existencial de acordo com o princípio da dignidade da pessoa humana.

## 2. Os direitos sociais laborais

Os direitos sociais na sua totalidade são compostos de um extenso rol elencado no art. 6º da Constituição Federal. Tendo em vista a heterogeneidade de tais normas e impossibilidade de tratar individualmente de cada uma delas nesse trabalho, tem-se a intenção de apenas tratar do direito social fundamental ao trabalho, com breves notas sobre os direitos sociais fundamentais que compõem o desenvolvimento de um trabalho digno, dentro do que a legislação configura como relação de emprego. Há um objetivo geral neste tópico, de apresentar notas relativas à teoria geral de tal direito, fazendo-se uma evolução histórica de seu surgimento até os dias atuais, com aspectos centrais envolvendo os arts. 7º ao 11 da Carta Magna.

Novamente se traz à baila a questão do mínimo existencial, pois estar-se-á falando de direitos que envolvem o bem-estar de uma sociedade com algumas garantias básicas necessárias para o seu desenvolvimento humano, econômico e social. Garantias (direitos) estas(es) que vêm positivadas(os) no corpo da leg-

---

(15) Cf. SARLET, Ingo Wolfgang; MARINONI, Luiz Guilherme; MITIDIERO, Daniel. *Curso de direito constitucional*, p. 582-3.

islação maior de um Estado democrático de direito. E mais, tendo um gravame configurando tais normas indisponíveis e fundamentais, de aplicação imediata.[16]

Os direitos fundamentais sociais, como já dito alhures, estão diretamente ligados ao princípio da dignidade da pessoa humana, e, no atual contexto, jamais se imagina como vida digna no Brasil, alguém que não tem direito a exercer um trabalho, também dentro de condições mínimas de desenvolvimento, que lhe traga um mínimo de condições sociais e econômicas. A segurança social, mesmo em condições básicas, é exigida pela legislação. O trabalho é forma de realização material e pessoal do ser humano, pois necessário mencionar também que, sem um mínimo de recursos materiais, não é possível existência digna do ser humano. O trabalho compõe a formação do Estado Social de Direito.

A questão do mínimo existencial envolve diretamente as relações de trabalho e emprego, pois a premissa norteadora dos direitos fundamentais, uma vez que não existem de forma absoluta, é limitada por questões que envolvem o contexto socioeconômico de um determinado espaço em um lapso de tempo a ser considerado, isto é, as variações e conceitos são alterados no decorrer da existência humana. Observa-se que, mesmo não havendo um conceito uníssono sobre o que realmente configura o mínimo existencial, pensa-se em condições que permitam aos cidadãos uma vida saudável em todos os seus aspectos, entre eles, desenvolver uma atividade laboral digna e satisfativa no plano pessoal e material.[17]

Embora tenha-se até o presente momento mencionado que os direitos sociais fundamentais são condições mínimas de existência, cumpre salientar ainda que estes não se bastam para atender aos requisitos básicos de sobrevivência. Há de se levar em consideração que a legislação foi elaborada para aplicação conjunta, porém com características individuais em seus núcleos. Em resumo, para garantir um mínimo existencial com dignidade e até certa qualidade, deve-se pensar em aplicação dos direitos fundamentais no seu todo, ou seja, considerando todas as suas dimensões, dispositivos de leis constitucional e infraconstitucional. Principalmente, busca-se uma aplicação conjunta dos direitos fundamentais individuais e sociais consagrados na Constituição Federal.

Essa aplicação conjunta de normas para garantir o mínimo existencial exige uma atenção especial de estudiosos e do poder judiciário, para que, diante da evolução social, possa adequar e alcançar aos cidadãos os direitos básicos de sobrevivência digna. Os direitos trabalhistas vivem um momento

---

(16) Devido ao fato dos direitos sociais previstos no art. 7º da Constituição Federal, entende-se que se aplica o inciso LXXVIII e § 1º do art. 5º da Carta Magna.
(17) Cf. SARLET, Ingo Wolfgang; MARINONI, Luiz Guilherme; MITIDIERO, Daniel. *Curso de direito constitucional*, p. 583-8.

de intensa flexibilização de normas, ou seja, observam, por vezes até com certo atraso, que a sociedade necessita de constante atualização na aplicação de leis que envolvem relações contratuais entre empregados e empregadores. Porém, mesmo diante de tal flexibilização, nota-se que vêm sendo aplicadas as funções positivas e negativas das normas, pois o Estado não está subtraindo ou reduzindo as normas trabalhistas, e sim viabilizando melhores condições de aplicação e regulamentando direitos já previstos no rol das garantias fundamentais, bem como criando, quando possível, novas normas para atender às necessidades dos trabalhadores, sem, contudo, desequilibrar em relação aos empregadores.

O estudo desenvolvido até aqui permite aceitar a afirmação, pelo menos em linhas gerais, de que o direito ao trabalho digno, na qualidade de direito fundamental social, é pressuposto para gerar melhores condições de vida aos cidadãos e, por conseguinte, viabilizar uma melhor condição existencial dentro dos parâmetros atribuídos ao que se pensa sobre "mínimo existencial". Dessa forma, passa-se ao estudo evolutivo e social das relações de trabalho e emprego.[18]

## 2.1. Síntese da ideia inicial de trabalho

A origem da palavra trabalho vem do latim *tripaliare*, que significa martirizar com *tripalium*, um instrumento construído com três pedaços de madeira para ser utilizado como método de tortura aos escravos preguiçosos quando não desenvolviam seu trabalho de maneira satisfatória ou não queriam trabalhar.[19]

De acordo com a doutrina cristã (Livro de Gênesis)[20], o indivíduo trabalhava como uma forma de remir o pecado e resgatar sua dignidade diante de Deus, pois, após o acontecimento do pecado original cometido por Adão e Eva no paraíso, os escritos religiosos destacam não o trabalho em si, mas os esforços penosos e a fadiga decorrente, como uma visão de reconstruir aquilo que o próprio homem destruiu, ou seja, a criação divina.

Nos primórdios da humanidade, período pré-industrial, o trabalho era visto como forma de cooperação entre os indivíduos que formavam uma determinada comunidade. A sobrevivência dependia do extrativismo vegetal,

---
(18) Para os fins do presente estudo, diz-se relação de trabalho em sentido amplo, ou seja, inclusive os contratos não celetistas; e relação de emprego em sentido estrito, ou seja, contratos amparados pelas regras da CLT.
(19) Cf. BARROS, Alice Monteiro de. *Curso de direito do trabalho*. 7. ed. São Paulo: LTr, 2011. p. 43.
(20) Cf. Bíblia Sagrada. *Livro de Gênesis*. São Paulo: Edições Paulinas, 1987.

da caça e da pesca, onde cada povo ia em busca de sua própria manutenção familiar. Em seguida, com a revolução neolítica, houve um assentamento dos povos nômades, desenvolvendo-se a agricultura e domesticação de animais para auxiliar no trabalho da lavoura e deslocamento das pessoas.

Com esse pequeno avanço, nota-se, para a época remota, um aumento na complexidade das tarefas que eram desenvolvidas, e, portanto, a necessidade de se implantar uma divisão social do trabalho, no sentido de cooperação entre os membros para o bem comum ao final. Talvez nascesse aqui uma ideia básica do que se tem atualmente por cooperativas, que em sua origem tinha como preceito básico a cooperação mútua objetivando o bem comum.

Na idade antiga, o trabalho escravo predominava na humanidade, sendo que as pessoas eram tratadas como "coisas", permitindo-se a troca, locação e arrendamento de seres humanos para o desenvolvimento do trabalho que gerava renda e manutenção familiar, praticamente em uma economia de subsistência ainda sem uma nítida visão lucrativa. Os povos da Grécia antiga tinham o entendimento de que o esforço físico era para aquelas pessoas que não tinham instrução, restando as atividades de pensamento, filosofia e política aos grandes senhores da época. Trazendo para os dias atuais, insta referir o pensamento de Domenico de Masi, pois traz à baila a sistemática de unir trabalho e divertimento como forma de se obter um melhor resultado entre empregados e empregadores, chamado "ócio criativo".[21]

No direito romano, surgem os primeiros contratos que deram origem ao que temos em aplicação atual. Havia o *Locatio Conducto rei*, modalidade de pacto utilizado para o arrendamento de coisa; o *Locatio Conductio Operis*, contrato que previa a execução de obra determinada, origem do atual contrato de empreitada; e ainda a *Locatio Conductio Operarum*, contrato que previa a prestação de serviços pelo contratado ao contratante, mediante uma contraprestação. Tem-se esse último como o verdadeiro antecedente do contrato de emprego, pois havia nesta modalidade uma espécie de risco do contratante pelos serviços que seriam realizados pelo contratado. Conceito ligado diretamente ao que dispõe a Consolidação das Leis Trabalhistas no art. 2º, o conceito de empregador.[22]

Na Idade Média, permanece uma espécie derivada dos escravos, porém o Feudalismo traz em sua natureza um regime de servidão, ou seja, dentro de um determinado espaço de terras conhecido como Gleba, os servos trabalhavam para o senhor feudal em troca de parte da produção e proteção. Após algum tempo, os servos das glebas começaram a se revoltar com o regime em que estavam submetidos, iniciando-se um período de refúgio para os grandes

---

(21)  Cf. MASI, Domenico de. *O ócio criativo*. Rio de Janeiro: Sextante, 2000.
(22)  Cf. BARROS, Alice Monteiro de. *Curso de direito do trabalho*, p. 45-7.

centros, onde os colonos refugiados organizaram as corporações de ofício, instituições que eram formadas por mestres, companheiros e aprendizes de determinada atividade, como, por exemplo: sapateiros, artesãos, alfaiates e demais oficinas caseiras.[23]

No século XV, início da época moderna, houve acirrada luta entre mestres e companheiros em busca de uma melhor condição econômica, já com uma visão completamente lucrativa do trabalho, e não mais àquela que se tinha da antiga economia de subsistência que vinha desde os tempos mais remotos. Surgiram as manufaturas, que eram empresas formadas pelos companheiros de mestres, que detinham monopólio regional de determinada atividade econômica, concedida pelo rei. Extintas em 1791 (Lei *Le Chapelier*, já na Revolução Francesa).[24]

## 2.2. Desenvolvimento empresarial no período das revoluções industrial e francesa

Em meados do século XVIII a revolução industrial mobilizava o mercado econômico no cenário mundial, pois as fábricas e grandes empresas ocupavam um espaço na economia global que geraria no futuro as regras existentes para amparar o contrato de trabalho e emprego.

Em 1775 houve a invenção da máquina a vapor por James Watt, implantando de uma vez por todas a produção em larga escala na indústria. Dessa forma, novamente se buscavam trabalhadores para atender a demanda produtiva que crescia numa velocidade muito além da esperada, gerando uma série de problemas nas relações contratuais entre empregado e empregador.[25]

Inicialmente, o contrato existente era de natureza eminentemente privada, sem qualquer intervenção do poder estatal. Os empresários contratavam trabalhadores e ditavam totalmente as regras que deveriam ser cumpridas durante o exercício das atividades. Nessa época, pequenas oficinas dos artesãos eram substituídas pelas fábricas, ferramentas por máquinas, e fontes de energia por carvão e eletricidade. Os funcionários estavam submetidos a jornadas extensas de trabalho sem qualquer regulamentação de limites e intervalos. As máquinas reduziram o esforço físico, mas viabilizaram o uso da mão de obra de mulheres e crianças, que também eram contratadas para trabalhar sem qualquer distinção no que diz respeito às funções e horários. Quanto mais trabalhavam, mais

---

(23) Cf. BARROS, Alice Monteiro de. *Curso de direito do trabalho*, p. 47-9.
(24) Cf. BARROS, Alice Monteiro de. *Curso de direito do trabalho*, p. 49.
(25) Cf. SÜSSEKIND, Arnaldo. *Curso de direito do trabalho*. 3. ed. rev. e atual. Rio de Janeiro: Renovar, 2010. p. 11.

aumentava a produção e mais necessidade humana para cumprir a demanda produtiva, fato que obrigava os trabalhadores a trazerem seus familiares para auxiliar no emprego.[26]

Antes da era industrial não havia qualquer controle de jornada, e com seu advento pouca coisa se modificou até que a classe trabalhadora e seus representantes resolvem se mobilizar em busca de melhores condições de trabalho, entre estas, a redução da jornada e cuidado especial com a saúde e segurança dos trabalhadores.

As afirmações fortes decorrem das situações em que mulheres e crianças laboravam em longas jornadas sem qualquer regulamentação propiciando sérios riscos à saúde e dignidade da pessoa humana. Insta referir aqui que o art. 7º, XXII, da Constituição Federal, prevê o dever de proteção ao trabalhador com normas de segurança, saúde e higiene para a redução de riscos no ambiente de trabalho.

Os acontecimentos levaram à conclusão de que a implantação do meio industrial no mundo gerou nova forma de escravidão, pois os trabalhadores estavam expostos a salários ínfimos, jornadas desumanas, condições degradantes, altos riscos de segurança, etc. Resultado do contexto foi o início da organização dos trabalhadores contra o liberalismo econômico como forma de escravidão: Nascia a legislação sociotrabalhista e necessidade de intervenção do Estado nas relações privadas garantido a dignidade da pessoa humana.[27]

Diante da situação, os acontecimentos históricos levaram ao surgimento da revolução francesa no final do século XVIII e início do século XIX. A busca dos ideais de liberdade, igualdade e fraternidade trouxe o surgimento de melhores normas que vieram a regulamentar de uma forma mais digna as relações existentes entre empregados e empregadores. Entre os acontecimentos[28] e normas importantes, alguns são de grande relevância para entender a origem das normas que têm atualmente regulamentando o direito do trabalho no Brasil e no mundo. Aponta-se:

> — 1802 — Surge na Inglaterra primeira lei de proteção ao trabalho do menor, aprendizagem e regras de higiene nas fábricas;
>
> — ROBERT OWEN: Em 1800 o empresário implanta diversas medidas protetivas em sua fábrica de tecidos na Escócia; Incentiva os Sindicatos;

---

(26) Cf. SÜSSEKIND, Arnaldo. *Curso de direito do trabalho*, p. 13-4.
(27) *Ibidem*, p. 15-24.
(28) *Ibidem*, p. 16-25.

— 1848 — publicação do Manifesto Comunista de Marx e Engels difundindo ideias do socialismo científico;

— 1891 — Publicação da Encíclica *"Rerum Novarum"* pelo Papa Leão XIII, doutrina social cristã. Preconizando, entre outros direitos, o salário justo. <u>Período em que diversos Estados legislaram sobre relevantes aspectos das relações de trabalho e previdência social;</u>

— 1919 — Tratado de Versailles — Criação da OIT: <u>Universalização do Direito do Trabalho.</u>

Verifica-se que as normas foram sendo criadas para amparar uma relação contratual que em sua origem teve natureza jurídica privada, porém, diante dos fatos e acontecimentos, houve a necessidade de intervenção do poder estatal expedindo normas de alcance *erga omnes* tentando proteger os trabalhadores dos abusos do poder econômico que já demonstrava o predomínio de interesses dos empresários, e grandes indústrias que se instalavam pelo mundo.

## 2.3. Uma síntese sobre as constituições sociais modernas

A evolução do ser humano e das relações contratuais levou, no início do século XX, ao que se pode chamar de constitucionalismo social, ou seja, os Estados iniciaram uma tendência de editar a lei maior de cada País visando uma preocupação maior com o homem social do que com o homem político. Iniciava-se uma era onde normas buscavam maior proteção ao ser humano, não ao patrimônio.

Em relação ao direito do trabalho, aponta-se em 1917 a Constituição Mexicana que constrói estrutura significativa de direitos sociais do trabalhador. Logo após, em 1919, a Alemanha adota a Constituição de Weimar, norma que continha capítulo sobre ordem econômica e social, e destinou um capítulo específico sobre a participação dos trabalhadores nas empresas e no governo, assegurando a liberdade sindical e proteção do Estado ao trabalhador.[29]

Contudo, foi com a criação e o desenvolvimento da Organização Internacional do Trabalho (OIT), que inclusive é anterior à Declaração Universal dos Direitos Humanos, que foram editadas em maior número e com maior eficácia, as normas protetivas aos trabalhadores, de matriz internacional. Suas normas vinculam os países seguidores quando ratificados os tratados no ordenamento

---

(29) Cf. SÜSSEKIND, Arnaldo. *Curso de direito do trabalho*, p. 25-6.

interno de cada Estado, trazendo novas diretrizes, critérios e sanções em termos de controle e cumprimento das determinações.

Em 1948, já após a edição da Consolidação das Leis Trabalhistas no Brasil em 1943 (CLT), houve adoção pela Organização das Nações Unidas da Declaração Universal dos Direitos do Homem.

Nota-se, com a breve síntese apontada, que o mundo se mobilizava para atender às necessidades dos trabalhadores de forma universal, pois cada País que editava uma norma protegendo o ser humano no desenvolvimento de suas atividades profissionais chamava atenção dos demais Estados para uma melhora interna em seus contratos laborais, assegurando a proteção e a dignidade da pessoa humana aos funcionários nas empresas.

Atualmente adota-se a classificação dos direitos humanos onde a doutrina qualifica como gerações ou dimensões[30] de direitos de acordo com sua natureza. Inicialmente, tem-se que os direitos individuais adotam a categoria de direitos humanos de primeira dimensão gerando uma prestação negativa imposta ao Poder Estatal no sentido de não violação de tais normas. Já os direitos humanos de segunda dimensão, assim reconhecidos os direitos sociais fundamentais, trazem a ideia de uma prestação positiva do Estado, ou seja, um dever de fazer, contribuir, ajudar por parte do governo aos cidadãos. Sobre estes, ainda a função negativa no sentido de que o Estado não pode suprimir ou reduzir as garantias já previstas no catálogo da Carta Magna.

De acordo com o entendimento de Carlos Henrique Bezerra Leite[31], os direitos humanos de segunda dimensão determinam aos governantes a implantação de políticas públicas para garantir o efetivo exercício das normas expressas no texto constitucional e na legislação universal. De acordo com o mesmo autor e também entendimento já consolidado entre doutrina e jurisprudência, há indivisibilidade e interdependência entre as normas referidas.

Assim preleciona:

> A questão terminológica ora localizada é extremamente importante, uma vez que os direitos de primeira, segunda e terceira dimensões

---

(30) Para o presente estudo não haverá maiores considerações a respeito da nomenclatura de tais normas, pois há divergência sobre a adoção da palavra "geração" ou "dimensão", alegando que a primeira deixaria uma visão separativista dos direitos, quando ao final a doutrina mais recente reconhece que os direitos humanos de primeira, segunda e terceira dimensão acabam se interligando na aplicação, e, por isso, a segunda palavra seria mais bem aplicada ao caso. Já há inclusive previsão e classificação doutrinária de direitos humanos de quarta e quinta dimensão, porém também não será objeto deste trabalho que ficará restrito apenas à análise dos chamados "Direitos Humanos de Segunda Dimensão", quais sejam: os Direitos Sociais Fundamentais.
(31) Cf. LEITE, Carlos Henrique Bezerra. *Ação civil pública na perspectiva dos direitos humanos*. 2. ed. São Paulo: LTr, 2008. p. 34-5.

se fundem, abrindo caminho para uma nova concepção de universalidade dos direitos humanos, cujas características básicas, são a indivisibilidade e interdependência.[32]

Nessa perspectiva, seguindo a mesma linha de raciocínio do último autor referido, tem-se que a temática dos direitos humanos, seja qualquer das dimensões abordadas, está diretamente ligada ao conceito de cidadania, e não tem como tratá-los sem considerar a ligação existente entre os mesmos.

A humanidade enfim se dá conta de que é impraticável adotar um Estado absoluto sem quaisquer garantias fundamentais aos habitantes de cada País. Nas palavras de Norberto Bobbio:

> Com o nascimento do Estado de Direito que ocorre a passagem final do ponto de vista do príncipe para o ponto de vista dos cidadãos. No Estado despótico, os indivíduos singulares só têm deveres e não direitos. No Estado absoluto, os indivíduos possuem, em relação ao soberano, direitos privados. No Estado de Direito, o indivíduo tem, em face do Estado, não só direitos privados, mas também direitos públicos. O Estado de direito é o Estado dos cidadãos.[33]

De acordo com a síntese acima, nota-se que o conceito de cidadania absorve os direitos fundamentais da pessoa humana. Sua aplicação vai ao encontro do moderno entendimento dos ideais de justiça, igualdade social e econômica dos seres humanos.

## 2.4. A evolução do direito do trabalho no Brasil e os direitos sociais fundamentais

O Direito do trabalho no Brasil sofreu forte influência da legislação internacional, pois foi após a promulgação das Constituições Mexicana e Alemã que a carta magna brasileira começou a se preocupar com a regulamentação das normas de proteção aos trabalhadores, mesmo após todos os acontecimentos

---

(32) LEITE, Carlos Henrique Bezerra. *Ação civil pública na perspectiva dos direitos humanos*, p. 36. Em nota (17). p. 36-7, o mesmo autor refere que "Na Conferência Internacional de Teerã, em 1968, proclamou-se, no item 13: "Como os Direitos Humanos e as liberdades fundamentais são indivisíveis, a realização dos direitos civis e políticos, sem o gozo dos direitos econômicos, sociais e culturais, torna-se impossível". Igualmente no item 5º, parte I, da Declaração e Programa de Ação adotada pela Conferência Mundial sobre Direitos Humanos das Nações Unidas (VIENA, 1993), restou afirmado solenemente que: "Todos os Direitos Humanos são universais, indivisíveis, interdependentes e inter-relacionados".
(33) BOBBIO, Norberto. *A era dos direitos*. Tradução de Carlos Nelson Coutinho. Rio de Janeiro: Campos, 1992. p. 61.

decorrentes das revoluções industrial e francesa. As Constituições brasileiras de 1824 e 1891 foram promulgadas sem previsão de qualquer norma protetiva aos direitos sociais dos trabalhadores. Ainda havia um resquício imperial e uma demasiada preocupação patrimonial.

Um grande marco histórico ocorre em 1930 quando o governo de Getúlio Vargas institui o Ministério do Trabalho, Indústria e Comércio, iniciando-se a criação da legislação trabalhista ampla e geral a ser aplicada num país que ainda não tinha tais normas reconhecidas em sua lei maior. Logo em seguida, em 1943, é aprovada a norma que se tem até os dias atuais, destinada a regulamentar especificamente os direitos dos trabalhadores: Consolidação das Leis Trabalhistas (CLT), Decreto n. 5.452/43. A partir de então, passa-se a dar atenção especial ao regulamento das relações contratuais entre empregados e empregadores.

O direito do trabalho brasileiro é extremamente influenciado pela legislação internacional, haja vista que o Brasil é membro da Organização Internacional do Trabalho (OIT) e ratifica, quando de seu interesse, as convenções com normas que amparam a relação empregatícia, principalmente no que diz respeito às melhores condições de trabalho propiciadas ao trabalhador.

Como referência de normas internacionais que se aplicam, cita-se a título de exemplo sobre jornada de trabalho, a Declaração Universal dos Direitos do Homem emitida pela ONU em 1948, que prevê em seu artigo XXIV a "limitação razoável das horas de trabalho". No mesmo sentido, dispõe a Convenção n. 1 da OIT, ratificada pelo Brasil, a qual limita a jornada de trabalho em 8h diárias e 48h semanais, mencionando ainda restrições ao trabalho extraordinário. Norma aplicada quando da edição da CLT, influindo também nas disposições da Constituição Federal de 1988, além da Convenção n. 47 do mesmo órgão internacional. Por último, refere-se ainda a Convenção n. 47 da OIT, norma que aprova a jornada de 40h semanais, mas edita e adota uma Recomendação n. 116/1982, propondo a redução progressiva da jornada de trabalho. Tal lei ratifica e reforça o disposto na Convenção n. 1, pois há severas restrições ao trabalho extraordinário.

As Constituições de 1934, 1937, 1946, 1967 e EC n. 1, de 1969, trataram dos direitos sociais, passando a proteção do trabalhador, portanto, ao plano da garantia constitucional, porém, como texto normal, sem qualquer atenção especial neste título. Foi com a promulgação da Constituição Federal de 1988 no Brasil que o homem tornou-se, legislativamente, o centro e fim de qualquer sistema social, especificamente para este estudo, em relação ao direito social fundamental ao trabalho digno, pois a norma maior prevê já de início em seu art. 1º, III e IV, como princípios, a dignidade da pessoa humana e os valores sociais do trabalho.

Mesmo que algumas Constituições anteriores já tivessem previsão legal de direitos protetivos aos trabalhadores, foi no texto constitucional de 1988 que houve a inclusão no **Título II — Capítulo II — dos Direitos Sociais Fundamentais arts. 6º, 7º, 8º, 9º, 10 e 11:** Direito Social ao Trabalho, Direitos dos Trabalhadores, Liberdade de Associação Sindical; direito de greve e participação dos trabalhadores na gestão da empresa, tudo de acordo com arts. XXIII e XXIV da Declaração Universal dos Direitos do Homem).[34]

No entendimento de Ingo Wolfgang Sarlet[35], o Estado começa a agir com comportamento ativo na realização da justiça social. Inclui como direitos fundamentais de segunda dimensão que asseguram aos indivíduos prestações sociais por parte do poder público. Não apenas direitos de cunho positivo, mas ainda liberdades sociais, e direitos fundamentais aos trabalhadores.

Cria-se o entendimento de que, por meio do princípio constitucional da dignidade da pessoa humana, todas as pessoas têm o direito de ter um trabalho digno, saudável e seguro, salário adequado, descanso proporcional após sua jornada de trabalho e um tempo próprio para seu convívio social e familiar, propiciando lazer, distração, entretenimento, etc.

Ratificando ainda mais a importância da regulamentação dos direitos sociais, verifica-se a plena harmonia de vários dispositivos constitucionais preocupados com a proteção da saúde dos trabalhadores brasileiros configurando-se a preocupação com a prevenção por meio da lei para evitar que aconteçam ou diminuam os acidentes que ocorrem nos ambientes de trabalho. Citam-se, para corroborar, os arts. 194[36], 197[37] e 200, II[38], todos da Carta Magna

---

(34) Artigo XXIII — 1. Toda pessoa tem direito ao trabalho, à livre escolha de emprego, a condições justas e favoráveis de trabalho e à proteção contra o desemprego. 2. Toda pessoa, sem qualquer distinção, tem direito a igual remuneração por igual trabalho. 3. Toda pessoa que trabalhe tem direito a uma remuneração justa e satisfatória, que lhe assegure, assim como à sua família, uma existência compatível com a dignidade humana, e a que se acrescentarão, se necessário, outros meios de proteção social. 4. Toda pessoa tem direito a organizar sindicatos e neles ingressar para proteção de seus interesses.
Artigo XXIV — Toda pessoa tem direito a repouso e lazer, inclusive a limitação razoável das horas de trabalho e férias periódicas remuneradas.
(35) SARLET, Ingo Wolfgang; MARINONI, Luiz Guilherme; MITIDIERO, Daniel. *Curso de direito constitucional.*
(36) Art. 194. A seguridade social compreende um conjunto integrado de ações de iniciativa dos Poderes Públicos e da sociedade, destinadas a assegurar os direitos relativos à saúde, à previdência e à assistência social.
(37) Art. 197. São de relevância pública as ações e serviços de saúde, cabendo ao Poder Público dispor, nos termos da lei, sobre sua regulamentação, fiscalização e controle, devendo sua execução ser feita diretamente ou por meio de terceiros e, também, por pessoa física ou jurídica de direito privado.
(38) Art. 200. Ao sistema único de saúde compete, além de outras atribuições, nos termos da lei: (...)

ratificando o entendimento nacional de que a saúde dos trabalhadores deve ser preservada com implementação de normas em todas as áreas do Direito.

Além disso, cumpre mencionar o extenso rol de garantias asseguradas aos trabalhadores urbanos e rurais por conta dos 34 (trinta e quatro) incisos do art. 7º da CF/88. Verifica-se que a Declaração Universal dos Direitos Humanos preocupa-se de maneira incisiva em relação às práticas abusivas e degradantes por atos dos empregadores em relação aos trabalhadores. Na mesma linha a Constituição Federal de 1988.

No mesmo sentido, seguiram outras normas internacionais, tais como: Pacto Internacional dos Direitos Econômicos, Sociais e Culturais em 1966 (PIDESC, arts. 6º, 7º e 8º), Declaração Americana dos Direitos e Deveres do Homem em 1948 (arts. XIV, XV e XXXVII), Protocolo de San Salvador, adicional à Convenção Americana sobre Direitos Humanos em Matéria de Direitos Econômicos, Sociais e Culturais em 1988 (arts. 6º, 7º e 8º), Carta dos Direitos Fundamentais da União Europeia, entre outros.

O que chama atenção em relação ao direito do trabalho fica por conta de seu forte vínculo com outros direitos fundamentais, o que de certa forma fortifica ainda mais a ligação direta com o princípio da dignidade da pessoa humana e mínimo existencial. Diz Ingo Wolfgang Sarlet:

> Também no caso do direito ao trabalho é possível identificar a forte conexão com outros direitos fundamentais. Exemplo digno de nota é o que pode ser vislumbrado no art. 7º, IV, da CF, de acordo com o qual deve ser assegurado ao trabalhador salário "capaz de atender as suas necessidades vitais básicas e as de sua família com moradia, alimentação, educação, saúde, lazer, vestuário, higiene, transporte e previdência social". Isso significa que o salário percebido pelo trabalhador, aqui estabelecido um patamar mínimo, deve ser suficiente para assegurar condições mínimas de bem-estar ao trabalhador e sua família, de modo a garantir o acesso aos bens sociais descritos no dispositivo citado acima. O vínculo com o direito-garantia ao mínimo existencial resulta evidente, assim como não se pode desprezar o quanto a garantia da possibilidade de trabalhar, e com isso assegura o seu próprio sustento, e dos seus dependentes, constitui dimensão relevante para um direito ao livre desenvolvimento da personalidade e da própria noção de autonomia do ser humano construtor do seu próprio destino.[39]

---

II — executar as ações de vigilância sanitária e epidemiológica, bem como as de saúde do trabalhador.
(39) SARLET, Ingo Wolfgang; MARINONI, Luiz Guilherme; MITIDIERO, Daniel. *Curso de direito constitucional*, p. 616.

O momento atual é de flexibilização e regulamentação de normas, pois o primeiro passo já foi dado, qual seja: a inclusão no rol de direitos fundamentais das normas de proteção ao trabalhador. Resta ainda regulamentar dispositivos importantes, como por exemplo o inciso I do art. 7º, o qual veda a despedida arbitrária, porém não há uma regra específica esclarecedora sobre esse procedimento e suas consequências, apenas uma punição prevista no Ato das Disposições Constitucionais Transitórias e Lei n. 8.036/90. Um dos problemas verificados é o fato de a Constituição remeter ao legislador infraconstitucional, fato que dificulta muitas vezes a aplicação imediata conforme determina o § 1º do art. 5º da CF/88. Tal fato gera insegurança jurídica e enfraquece o tratamento isonômico em casos semelhantes, eis que dá margem às interpretações diferentes. Exemplos de direitos pendentes de regulamentação ficam por conta do direito de greve dos servidores públicos, proteção contra a despedida arbitrária, entre outros.

A flexibilidade das regras é algo a ser visto com cuidado, pois há de se proteger todas as conquistas alcançadas até os dias atuais, preservando sempre o pensamento de melhora, jamais regresso e prejuízo em prol do capitalismo e neoliberalismo econômico. Mesmo que haja entendimento de constante melhora para a efetiva garantia de aplicação dos direitos e garantias sociais, entende-se que a Constituição Federal de 1988 está plenamente adequada ao pensamento global sobre a aplicação dos direitos econômicos, sociais e culturais, pois considera tais normas inerentes à dignidade da pessoa humana e, por isso, classificando em seu texto como preceitos fundamentais irrenunciáveis, visando o homem como um ser livre de qualquer desigualdade no local onde habita e o mundo. O Estado deve garantir a ele "ser humano", plenas condições de alcance e aplicação de tais direitos, se necessário por meio de políticas públicas.[40]

No que diz respeito ao direito social relacionado ao trabalho digno, insta referir ainda ao final deste tópico, que a Carta Magna prevê, no mesmo título de garantias fundamentais sociais, direitos sociais trabalhistas individuais (art. 7º) e coletivos (arts. 8º ao 11), sendo estes últimos classificados pela doutrina como meta ou transindividuais, conhecidos como difusos, coletivos *stricto sensu*, e individuais homogêneos, conceituados na legislação por meio

---

(40) Um conceito adequado de políticas públicas, pode-se verificar em FREITAS, Juarez. *O controle dos atos administrativos e os princípios fundamentais*. 5. ed. rev. e ampl. São Paulo: Malheiros, 2013. p. 458. "Em síntese, as políticas públicas são concebidas como programas de Estado Constitucional (mais do que de governo), formulados e implementados pela Administração Pública, que intentam, por meio de articulação eficiente e eficaz dos meios estatais e sociais, cumprir os objetivos vinculantes da Carta, em ordem a assegurar, com hierarquizações fundamentadas, a efetividade do complexo de direitos fundamentais das gerações presentes e futuras."

do Código de Proteção e Defesa do Consumidor.[41] Nas palavras de Carlos Henrique Bezerra Leite,

> Além da Teoria dos direitos humanos, desponta, hodiernamente, a teoria dos interesses metaindividuais que, propondo a superação da tradicional doutrina individualista, propiciou uma nova categorização de direitos e interesses, bem como a sua justiciabilidade, antes inimaginável.[42]

Nota-se que, embora o momento atual seja de flexibilização das normas atinentes aos direitos sociais dos trabalhadores, há uma visão evolutiva e de aperfeiçoamento das garantias previstas na Constituição Federal, eis que se ampliam inclusive as possibilidades de postular no judiciário a aplicação de tais normas.

Em síntese, verificou-se que a origem do trabalho, tanto em sua relação conceitual da palavra quanto no contexto da atividade propriamente dita, se confunde com a origem e evolução da própria humanidade, pois desde os primórdios da criação, relacionando com os povos da antiguidade, passando pela doutrina cristã, o desenvolvimento da atividade laboral evolui em constante progresso.

Da idade antiga à idade moderna, houve o surgimento do mundo empresarial, onde há reflexos diretos até os dias atuais. O que se modifica, é a passagem do desenvolvimento do trabalho na era pré-industrial, inicialmente apenas como forma de expiar os pecados em busca da dignidade para uma forma de cooperação e subsistência familiar, sendo que já na época das revoluções industrial e francesa aparece a visão lucrativa do trabalho e o surgimento da produção em larga escala. O direito que antes era regulamentado entre as partes, diante da evolução histórica da humanidade, carece de uma interferência do poder estatal em prol dos mais fracos, os trabalhadores.

---

(41) Art. 81. A defesa dos interesses e direitos dos consumidores e das vítimas poderá ser exercida em juízo individualmente, ou a título coletivo.
Parágrafo único. A defesa coletiva será exercida quando se tratar de:
I — interesses ou direitos difusos, assim entendidos, para efeitos deste código, os transindividuais, de natureza indivisível, de que sejam titulares pessoas indeterminadas e ligadas por circunstâncias de fato;
II — interesses ou direitos coletivos, assim entendidos, para efeitos deste código, os transindividuais, de natureza indivisível de que seja titular grupo, categoria ou classe de pessoas ligadas entre si ou com a parte contrária por uma relação jurídica base;
III — interesses ou direitos individuais homogêneos, assim entendidos os decorrentes de origem comum.
(42) LEITE, Carlos Henrique Bezerra. *Ação civil pública na perspectiva dos direitos humanos*, p. 46.

Com o poder público se envolvendo e a mobilização da humanidade em busca de melhores condições de trabalho tendo uma regulamentação voltada ao homem como centro de todo e qualquer ordenamento jurídico, nasce o movimento do Constitucionalismo Social. Organizações internacionais se envolvem, gerando a necessidade de cada Estado adotar, em substituição ao regime absoluto, o Estado Democrático de Direito. Constituições nascem protegendo os direitos sociais dos trabalhadores como normas ligadas diretamente à dignidade humana.

No Brasil, aos poucos as Constituições vão se adequando ao clamor mundial da necessidade de proteger àquela parte da relação contratual tida por hipossuficiente. Promulgada a Carta Magna de 1988, pela primeira vez os direitos sociais, especialmente para esse estudo o direito ao trabalho digno, são colocados no rol das garantias fundamentais e indisponíveis. É a Constituição cidadã que nasceu interligando todas as dimensões de direitos fundamentais, relacionando estes ao princípio base que é aplicado nas Constituições modernas: a Dignidade da Pessoa Humana.

A compreensão que se estabelece, mesmo que de forma breve, é resumida pelo doutrinador Arnaldo Süssekind em análise dos arts. 1º, III e IV c/c com 6º ao 11 da Constituição Federal de 1988:

> Relevante é não esquecermos que o homem deve ser sempre o centro e o fim de qualquer sistema social e que a Constituição brasileira inclui a dignidade da pessoa humana e os valores sociais do trabalho.[43]

O aperfeiçoamento das normas fundamentais sociais permite ainda o entendimento que sua aplicação de forma ampliada, poderá atender de forma mais breve e eficiente aos destinatários. Assim, passa-se ao estudo dos direitos aplicados de forma coletiva, além do padrão básico individual verificado até o momento.

## 2.5. Princípios fundamentais

Na Constituição Federal de 1988, trabalho está destacado nos princípios fundamentais, já no art. 1º, ao referir que a República Federativa do Brasil, formada pela união indissolúvel dos Estados e Municípios e do Distrito Federal, constitui-se em Estado Democrático de Direito e tem como fundamento os valores sociais do trabalho e da livre-iniciativa.

---

(43) SÜSSEKIND, Arnaldo. *Curso de direito do trabalho.*

Para Bulos, o trabalho referido como princípio fundamental é, por óbvio, o trabalho livre, já que banido o trabalho escravo. Ademais, é valorizado o trabalho do homem em relação à economia capitalista.[44]

Nesse sentido, importante referir nosso anterior estudo em relação ao Direito Constitucional do Trabalho:

> O moderno Direito do Trabalho não prescinde da comunhão entre o social e o econômico. Por outro lado, neste terceiro milênio, a dicotomia "capital-trabalho" obrigatoriamente cede espaço para o "caminhar juntos entre o social e o econômico". Neste sentido é o comando constitucional. Verifica-se que os valores sociais do trabalho e da livre-iniciativa, dispostos no mesmo inciso do artigo que trata dos princípios fundamentais, não por acaso estão unidos. É que tais valores sociais a que se refere a Constituição da República, dizem respeito tanto ao trabalho, quanto à livre-iniciativa. Um não tem razão de ser sem o outro. Mais: um não se concretiza sem o outro. Aqui, concretizar significa melhorar, realizar, alcançar um objetivo.[45]

Pode-se dizer que a norma constitucional referida aponta o direito do trabalho como direito fundamental social e ligado diretamente ao âmbito dos direitos humanos, preservando a liberdade e igualdade na sociedade brasileira. Nesse sentido:

> Os direitos sociais, especialmente os de natureza trabalhista, como já visto, não figuraram nas Constituições de 1824 e 1891. Nas Constituições de 1934, 1937, 1946 e 1967, figuraram no âmbito da ordem econômica e social.

A Constituição da República de 1988 é a primeira da história brasileira a inserir os direitos sociais trabalhistas, no âmbito dos direitos e garantias fundamentais.

A amplitude do direito à liberdade não poderia, por certo, afastar o exercício de qualquer trabalho. É imperativo para a construção social e econômica do Estado que os indivíduos tenham direito ao trabalho. Aliás, como referido anteriormente, o direito ao trabalho é princípio constitucional fundamental (art. 1º, inciso IV).[46]

Importante referir que inclusive no rol dos direitos fundamentais individuais, ou seja, no art. 5º da Constituição, também há referências ligadas

---

(44) Ver BULOS, Uadi Lammêgo. *Constituição federal anotada*. 6. ed. São Paulo: Saraiva, 2005. p. 86.
(45) STÜRMER, Gilberto. *Direito constitucional do trabalho no Brasil*. São Paulo: Atlas, 2014. p. 23.
(46) *Ibidem*, p. 24.

ao Direito do Trabalho. À título de exemplo, pode-se apontar o inciso XIV, assegurando a todos o acesso à informação e resguardado o sigilo da fonte, quando necessário ao exercício profissional. Em relação a outros incisos do art. 5º, cita-se:

> Há de se referir sem maiores desmembramentos pelo fato de não ser objeto principal deste trabalho, os dispositivos que tratam da organização de associação, ou seja, os incisos XVI, XVII, XVIII, XIX, XX e XXI, os quais pode-se dizer que estão diretamente à questão de liberdade e organização sindical.

Não envolvido diretamente com o trabalho, mas ligado a ele, estão os incisos XXVIII, que assegura, nos termos da lei, a proteção da participação de indivíduos em obras coletivas e à reprodução da imagem e voz humanas, inclusive nas atividades desportivas — resultado do trabalho — e, ainda, o direito de fiscalização do aproveitamento econômico das obras que criarem ou de que participarem aos criadores, intérpretes e às suas representações sindicais e associativas, também resultados do trabalho.

A utilização temporária dos inventos industriais aos autores nos termos da lei, bem como a proteção às criações industriais, propriedade das marcas, aos nomes das empresas e a outros signos distintivos, objetivando o interesse social e o desenvolvimento tecnológico e econômico do País, garantidas no inciso XXIX, também decorrem da realização do trabalho de alguém.

Para as garantias, tanto o direito ao trabalho quanto os direitos decorrentes do trabalho, a lei não excluirá da apreciação do Poder Judiciário lesão ou ameaça a direito (inciso XXXV), não prejudicará o direito adquirido, o ato jurídico perfeito e a coisa julgada (inciso XXXVI), bem como assegurará aos litigantes e aos acusados em geral em processos judicial ou administrativo, o contraditório e a ampla defesa com os meios e recursos a ela inerentes (inciso LV) e a razoável duração do processo e dos meios que garantam a celeridade de sua tramitação (inciso LXXVIII, acrescentado pela Emenda Constitucional n. 45, de 2004).

O § 1º do art. 5º, refere que "as normas definidoras dos direitos e garantias fundamentais têm aplicação imediata". Considerando que a Constituição de 1988 é a primeira da história constitucional brasileira a arrolar os direitos sociais trabalhistas no âmbito dos direitos e garantias fundamentais, nos capítulos destinados a examinar os direitos dos trabalhadores e a organização sindical, serão tecidos os comentários em cada um dos dispositivos.[47]

---

(47) STÜRMER, Gilberto. *Direito constitucional do trabalho no Brasil*, p. 24-6.

Há de se fazer ainda uma referência ao § 3º do art. 5º, o qual prevê que os tratados e convenções internacionais sobre direitos humanos que forem aprovados, em cada Casa do Congresso Nacional, em dois turnos, por três quintos dos votos dos respectivos membros, serão equivalentes às emendas constitucionais. Sobre este dispositivo, explica-se:

> Em matéria trabalhista, entende-se que, especialmente duas convenções da Organização Internacional do Trabalho, ainda não internalizadas pelo Brasil, são tratados de direitos humanos: a Convenção n. 87, sobre liberdade sindical e proteção do direito sindical, de 17 de junho de 1948, e a Convenção n. 158, que trata do término da relação de trabalho por iniciativa do empregador e também de dispensa coletiva, de 22 de junho de 1982.[48]

No que diz respeito aos direitos sociais, prestações impostas ao Estado como forma de buscar o equilíbrio das desigualdades, a Carta Magna traz rol significativo no art. 6º:

> Art. 6º São direitos sociais a educação, a saúde, a alimentação, o trabalho, a moradia, o lazer, a segurança, a previdência social, a proteção à maternidade e à infância, a assistência aos desamparados, na forma desta Constituição.

André Ramos Tavares assim os define:

> Direitos que exigem do Poder Público uma atuação positiva, uma forma atuante de Estado na implementação da igualdade social dos hipossuficientes. São, por esse exato motivo, conhecidos também como direitos a prestação, ou direitos prestacionais.[49]

Em abordagem conceitual, cita-se novamente estudo anterior realizado:

> Segundo Alexy, os direitos sociais são direitos a prestações no sentido estrito e se distinguem dos direitos a prestações no sentido amplo, já que estes dizem com a atuação positiva do Estado no cumprimento dos seus deveres de proteção, já decorrentes da sua condição de Estado democrático de Direito e não propriamente como garanti-

---

(48) STÜRMER, Gilberto. *Direito constitucional do trabalho no Brasil*, p. 26, explica: A Convenção n. 158 da OIT, foi aprovada pelo Congresso Nacional por meio do Decreto Legislativo n. 68, de 17 de setembro de 1992 e ratificada pelo Decreto n. 1.855, de 10 de abril de 1996. Todavia, no mesmo ano, em 20 de dezembro, o Decreto n. 2.100 denunciou a ratificação, anunciando que a mencionada convenção deixaria de vigorar no Brasil a partir de 20 de novembro de 1997.
(49) TAVARES, André Ramos. *Curso de direito constitucional*. 10. ed. rev. e atual. São Paulo: Saraiva, 2012. p. 837.

dor de padrões mínimos de justiça social, ao passo que o direito a prestações no sentido estrito (direitos sociais) dizem com direitos a algo (prestações fáticas) decorrentes da atuação do Estado como Estado Social.[50]

Assim como o valor social do trabalho é fundamento do Estado Democrático de Direito, o trabalho é um dos direitos sociais fundamentais.

A Declaração Universal dos Direitos Humanos, da Assembleia Geral das Nações Unidas de 10 de dezembro de 1948, dispõe no seu artigo XXIII, que toda pessoa tem direito ao trabalho, à livre escolha de emprego, a condições justas e favoráveis de trabalho e à proteção contra o desemprego. Da mesma forma, dispõem a Convenção Americana de Direitos Humanos (Pacto de San José da Costa Rica), de 22 de novembro de 1969 e o Protocolo de San Salvador, de 17 de novembro de 1988. O direito ao trabalho, para além de direito social fundamental assim reconhecido pelo ordenamento interno[51], é direito humano consagrado, pertencentes às Ordens Econômica e Social, conforme tratado a seguir.[52]

## 2.6. Da ordem econômica e social

O trabalho está diretamente ligado às condições mínimas de existência humana digna. Dessa forma, permite ao trabalhador o acesso aos recursos econômicos que lhe possibilitam interagir na sociedade em que está inserido. No que diz respeito à Ordem Econômica e Financeira, a Constituição Federal prevê regulamentos nos arts. 170 a 192. O art. 170 representa ligação direta ao trabalho como direito fundamental, pois dispõe que:

> Art. 170. A ordem econômica, fundada na valorização do trabalho humano e na livre-iniciativa, tem por fim assegurar a todos existência digna, conforme os ditames da justiça social, observados os seguintes princípios:
>
> [...]

---

(50) ALEXY, Robert. *Teoría de los derechos fundamentales*. Trad. E. G. Valdés. Madrid: Centro de Estúdios Constitucionales, 1997. p. 395.
(51) Entende este autor (Gilberto Stürmer) que o direito ao trabalho integra o "mínimo existencial" que, segundo Sarlet, é o conjunto de prestações materiais indispensáveis para assegurar a cada pessoa uma vida condigna, no sentido de uma vida saudável. *Dignidade da pessoa humana e direitos fundamentais na Constituição Federal de 1988*. 3. ed. Porto Alegre: Livraria do Advogado, 1988. p. 62.
(52) STÜRMER, Gilberto. *Direito constitucional do trabalho no Brasil*, p. 27-8.

VIII — busca do pleno emprego.

Ao aprofundar o estudo sobre a matéria, já referimos nas seguintes palavras:

> Veja-se que a abertura da ordem econômica segue os parâmetros dos princípios fundamentais, ou seja, é fundada na valorização do trabalho humano e na livre-iniciativa.
>
> Assim como o direito ao trabalho está atrelado à livre-iniciativa (que dele faz parte) como princípio fundamental da República e do Estado Democrático de Direito, também o está como base da ordem econômica. Nas democracias do século XXI, não é mais possível pensar no superado antagonismo "capital e trabalho".
>
> O econômico e o social — Título VIII desta Constituição — devem caminhar de "mãos dadas", com o objetivo de construir uma sociedade mais justa e fraterna, onde haja oportunidades para todos que, a seu turno, queiram buscá-la.
>
> É parte dos princípios gerais da atividade econômica, buscando assegurar a todos uma existência digna, conforme os ditames da justiça social, a busca do pleno emprego. Buscar o pleno emprego a partir de políticas públicas que o implementem é tarefa essencial do Poder Público, mas de forma a interferir o mínimo possível na atividade econômica para que o trabalho e a livre-iniciativa possam desenvolver as suas atividades a contento. Isso significa, também, menos voracidade fiscal.
>
> Mais: o Estado deve estar presente em atividades e funções essenciais, como segurança pública, saúde, educação e saneamento básico, deixando a exploração da atividade econômica apenas para os particulares. Somente assim o país alcançará o elevado estágio de nação desenvolvida com paz e justiça social.[53]

No que diz respeito à ordem social, importante citar a previsão normativa dos arts. 193 e 200:

> Art. 193. A ordem social tem como base o primado do trabalho, e como objetivo o bem-estar e a justiça sociais.
>
> Art. 200. Ao sistema único de saúde compete, além de outras atribuições, nos termos da lei:
>
> [...]

---

(53) STÜRMER, Gilberto. *Direito constitucional do trabalho no Brasil*, p. 128-9.

VIII — colaborar na proteção do meio ambiente, nele compreendido o do trabalho.

Verifica-se que, da mesma forma que os princípios fundamentais, a ordem social também está fundada no trabalho em busca de bem-estar e justiça igualitária a todos os cidadãos. No que diz respeito à saúde, uma das atribuições do Sistema Único de Saúde (SUS) é a preocupação com o meio ambiente, e, entre este, o meio ambiente do trabalho.

Em relação ao direito social à educação, refere-se o art. 214, IV, da Magna Carta, pois uma das funções do sistema educativo é a formação do estudante para o trabalho.

## 3. Dos direitos metaindividuais e sua tipologia

Os meios processuais e institutos, como legitimação, interesse de agir, representação, substituição processual, instrução probatória, limites da coisa julgada, etc., até então foram adequados para postular individualmente no judiciário a tutela subjetiva de direitos previstos na legislação, sendo, no máximo, prevista a tutela de direitos de interesse público. O grande problema houve quando surgiram ações judiciais postulado as mesmas tutelas, porém de forma coletiva. A partir de então, a comunidade jurídica e a sociedade como um todo se dão conta de que não temos no catálogo de normas, pelo menos de forma satisfativa, amparo processual específico que regulamente tal prática jurídica. Os atuais instrumentos não atendem de forma satisfatória àqueles que solicitam, ao Poder Judiciário, a prestação jurisdicional. Juristas e estudiosos do direito se dão conta de que os interesses coletivos têm características e peculiaridades próprias e merecem atenção especial do legislador pátrio, especialmente no que diz respeito às normas processuais.

Na esfera da busca coletiva dos direitos e garantias fundamentais individuais e sociais, legislação e doutrina têm, à título de classificação, a tutela dos direitos difusos, coletivos *stricto sensu* e individuais homogêneos coletivamente propostos. Tais direitos, conceitualmente podem ser chamados de supra, trans ou metaindividuais de acordo com o doutrinador que escreve sobre o tema, sendo que para o presente estudo adota-se a nomenclatura de direitos metaindividuais. A classificação legal surge com força quando da entrada em vigor do Código de Proteção e Defesa do Consumidor, expresso pelo art. 81 e parágrafo único.[54] Veja-se breve explicação conceitual doutrinária:

---

(54) Art. 81. A defesa dos interesses e direitos dos consumidores e das vítimas poderá ser exercida em juízo individualmente, ou a título coletivo.

Em linhas gerais, parafraseando as palavras de Kazuo Watanabe, verifica-se que os direitos difusos e coletivos são conceituados como transindividuais e de natureza indivisível, sendo que a diferença entre estes, se dá em razão de que o primeiro se vincula a número indeterminado de pessoas não identificadas, enquanto que no segundo caso, poderão ser determinados os beneficiários, grupo ou classe, da tutela judicial.[55] Já os direitos individuais homogêneos, tem o escopo de viabilizar a proteção dos direitos com dimensão coletiva de um determinado grupo ou classe identificados. Pode-se usar a própria legislação para conceituar, pois bastaria citar o inciso III do art. 81 do Código de Defesa do Consumidor, o qual diz que tais direitos são aqueles decorrentes de origem comum.[56] No entendimento de Eduardo Raymundo Von Adamovich, a classificação legal e doutrinária dos interesses coletivos, foi fruto de um "refinamento científico do conceito de interesse público em geral".[57] Insta referir que a única área do Direito que previa, desde o início do século XX, legislação para tutela de interesses coletivos na esfera privada, é a legislação pertinente ao direito coletivo do trabalho com capítulo específico na Consolidação das Leis Trabalhistas (CLT, arts. 511 a 570). Entende-se que é de grande relevância distinguir a forma em que os direitos coletivos são postulados na legislação trabalhista conforme a CLT, e as possibilidades ampliadas após o advento do Código de Proteção e Defesa do Consumidor.

Para identificação da espécie de direito conceituada na legislação consumeira, necessário verificar a natureza da tutela que é postulada no judiciário. Dessa forma, Eduardo Adamovich diz que há dois critérios a serem identificados: a referibilidade e a indivisibilidade, que em conjunto poderão atestar se se trata de um direito difuso, coletivo ou individual homogêneo. Também identificam-se traços comuns entre os interesses coletivos e difusos, que são

---

Parágrafo único. A defesa coletiva será exercida quando se tratar de: I — interesses ou direitos difusos, assim entendidos, para efeitos deste código, os transindividuais, de natureza indivisível, de que sejam titulares pessoas indeterminadas e ligadas por circunstâncias de fato; II — interesses ou direitos coletivos, assim entendidos, para efeitos deste código, os transindividuais, de natureza indivisível de que seja titular grupo, categoria ou classe de pessoas ligadas entre si ou com a parte contrária por uma relação jurídica base; III — interesses ou direitos individuais homogêneos, assim entendidos os decorrentes de origem comum.
(55) Cf. WATANABE, Kazuo et al. *Código de defesa do consumidor comentado pelos autores do anteprojeto*. 8. ed. Rio de Janeiro: Forense Universitária, 2004. p. 625.
(56) Cf. TESHEINER, José Maria Rosa; MILHORANZA, Mariângela Guerreiro. Direitos difusos, direitos coletivos, direitos individuais homogêneos e direito coletivo do trabalho. In: *Temas de direito e processos coletivos*. Porto Alegre: HS, 2010. p. 27.
(57) VON ADAMOVICH, Eduardo Henrique Raymundo. *Sistema da ação civil pública no processo do trabalho*. São Paulo: LTr, 2005. p. 116.

o caráter transindividual e a indivisibilidade, sendo que a principal diferença para fins de identificação, é o critério de sujeitos indeterminados quando tratar-se de direitos difusos.[58]

Para melhores esclarecimentos, passa-se a discorrer brevemente sobre cada uma das modalidades classificadas no parágrafo único do art. 81 do Código de Proteção e Defesa do Consumidor.

### 3.1. Dos direitos coletivos e o problema conceitual

O grande impasse ao conceituar os direitos coletivos é desmistificar a ideia de que só se trata coletivamente de algum direito quando envolver direitos de ordem pública. Esse pensamento há muito vem sendo contestado, tendo, após a chegada da Lei Consumeira, resolvido em parte o problema. Na verdade, tem-se por direitos coletivos aqueles que vão além dos interesses individuais, em outra dimensão, podendo tutelar interesses públicos ou privados. Restringir a uma ou outra área seria temerário, tendo em vista que se poderia estar suprimindo direitos de outrem. Muitas vezes, ambas as esferas estão envolvidas, quando, por exemplo, os Sindicatos profissionais atuam em nome de seus substituídos. Postulam interesses privados, porém preservando aplicação de normas de natureza pública, quais sejam, as atinentes ao direito do trabalho.

Para fins de identificação dos interesses coletivos, importante frisar que um traço claro e identificador é a impossibilidade de sua satisfação senão aos indivíduos em conjunto, seja na esfera pública ou na privada de acordo com a tutela em discussão. Verificando a diferenciação com os direitos individuais homogêneos, há necessidade da característica de indivisibilidade.

No direito juslaborativo, tem-se a título de exemplo o direito de greve dos trabalhadores ou coibir práticas ilegais do empregador que possam ferir o ambiente de trabalho. No mesmo exemplo, e até para ficar clara a diferença, em caso da prática irregular exercida pela empresa causar prejuízo além dos trabalhadores, para os habitantes externos, ou seja, prejuízo ao meio ambiente de uma maneira ampla, tratar-se-ia de direitos difusos.

No mesmo sentido, para identificar direitos individuais homogêneos, poder-se-ia qualificar se na situação houvesse intenção de proibir o empregador de realizar revista íntima vexatória aos funcionários na entrada e saída da empresa. Portanto, novamente se ratifica a necessidade de identificação de

---

(58) Cf. VON ADAMOVICH, Eduardo Henrique Raymundo. *Sistema da ação civil pública no processo do trabalho*, p. 116.

uma referência aos destinatários do direito e da questão se são divisíveis ou não tais direitos que serão postulados na ação coletiva.

Importante ainda referir que há estudiosos do tema que classificam a presente espécie como direitos coletivos *stricto sensu*, ou seja, aqueles em que num primeiro momento não é possível identificar todos os destinatários, pois há possibilidade de futuros indivíduos, desconhecidos até então, virem a se beneficiar dos direitos que estão envolvidos no pedido jurisdicional, porém sempre de caráter indivisível. É o caso, por exemplo, dos novos trabalhadores que são contratados após a proibição da revista íntima vexatória que foi proibida após ação civil pública proposta pelo Ministério Público do Trabalho em nome dos trabalhadores que já exerciam atividade laboral no local. Estes, de forma indivisível, foram imediatamente beneficiados pelo processo judicial, enquanto os demais, após a contratação receberam o mesmo tratamento deferido pelo procedimento judicial anterior ao início do contrato.[59]

Em síntese, os direitos coletivos identificam-se quando não podem ser pleiteados individualmente, devendo ser deferidos a uma coletividade, e também são, em sua essência, indivisíveis, ou seja, também devem ser exercidos por um grupo, identificado em parte de pronto, com possíveis atingidos.

### 3.2. Dos direitos difusos

Os interesses difusos, conforme dito anteriormente, são a modalidade que vincula um número indeterminado de pessoas, objeto de forma indivisível, sem possibilidade de identificar individualmente os beneficiários. Assim, não há uma relação jurídica de base para postular tal direito, eles simplesmente existem e devem ser aplicados a uma coletividade indeterminada de indivíduos. Na área dos direitos públicos e indisponíveis é mais fácil de exemplificar tal modalidade, pois, quando nos reportamos aos direitos privados, há, na maioria das vezes possibilidade de determinar os beneficiários, fato que descaracterizaria os direitos na seara de interesses difusos.

Na hipótese de verificação dos direitos difusos, de acordo com as características apontadas acima, podem ser citados a título de exemplos o direito a um meio ambiente natural adequado e sadio, o direito de interditar o funcionamento de determinada empresa que está poluindo tanto o seu ambiente interno quanto a parte externa e atingindo toda população de uma maneira

---

(59) Para esclarecimentos sobre a classificação como direitos coletivos *stricto sensu*, consultar ZAVASCKI, Teori Albino. *Processo coletivo:* tutela de direitos coletivos e tutela coletiva de direitos. 4. ed. São Paulo: Revista dos Tribunais, 2009.

geral, o direito de exigir a prestação de saúde em hospitais públicos quando há situação de greve e não é disponibilizado percentual mínimo em serviços essenciais, etc.

Note-se que em todos os exemplos citados acima há necessidade de aplicação a uma coletividade, de forma indeterminada e sem qualquer possibilidade de divisão do objeto pleiteado na ação. Os interesses difusos estão diretamente ligados aos habitantes da sociedade, sendo inerentes ao ser humano por excelência independentemente de relação jurídica anterior. Para José Maria Rosa Tesheiner, "...nessas ações, não tem importância determinar se os interesses tutelados são os da humanidade, das gerações presentes ou futuras, dos habitantes de uma região ou de parcela apenas".[60] São atribuídos aos destinatários por uma situação de fato que permite a busca da tutela jurisdicional em determinada circunstância ocasional.

### 3.3. Dos direitos individuais homogêneos

Há, por fim, que estabelecer a diferença entre os direitos coletivos e difusos, aos chamados direitos individuais homogêneos.

As duas principais características diferenciadoras em relação aos interesses tratados anteriormente são a possibilidade de individualizar os direitos e também pelo fato de que seus destinatários são identificados já no primeiro momento.

Os direitos individuais homogêneos, após um provimento jurisdicional coletivo, porque mais conveniente às partes e à sociedade envolvida, são passíveis de liquidação e execução de forma individualizada, uma espécie de ação de cumprimento de sentença. Na Justiça do Trabalho, usa-se desse meio processual para buscar aplicação dos direitos objetivos determinados por meio das sentenças normativas oriundas dos dissídios coletivos. No processo civil, poder-se-ia dizer que há similaridade com as execuções diretas de títulos judiciais. Na verdade há um direito material individual, postulado de forma processual coletiva, porém com diversos interessados na mesma tutela.

Importante referir que na legislação trabalhista, art. 842 da CLT[61], há dispositivo autorizando a cumulação de ações envolvendo a mesma matéria e empregados da mesma empresa no mesmo estabelecimento. Veja-se que

---

(60) TESHEINER, José Maria Rosa. Direitos difusos, coletivos *stricto sensu* e individuais homogêneos. In: *Processos coletivos*. Porto Alegre: HS, 2012. p. 76.
(61) CLT, art. 842. Sendo várias as reclamações e havendo identidade de matéria, poderão ser acumuladas num só processo, se se tratar de empregados da mesma empresa ou estabelecimento.

se trata de uma espécie de litisconsórcio facultativo, porém resta evidente a conveniência de postular de forma coletiva o direito até por uma questão de economia e celeridade processual, principalmente no que diz respeito à dilação probatória. A título de exemplo, pode-se citar todos empregados da subestação de energia elétrica de uma empresa postulando o pagamento do adicional de periculosidade.

Saindo da esfera trabalhista, e até para fazer menção ao Código de Proteção e Defesa do Consumidor, norma que trouxe a classificação legal, cita-se como exemplo todos os correntistas de uma instituição bancária que foram indevidamente debitados de valor correspondente a uma taxa de manutenção de contrato, a qual não estava prevista no contrato de abertura de conta. Nesse caso, do mesmo modo citado anteriormente, a circunstância única liga determinados indivíduos, o que favorece a postulação de forma coletiva do direito, mesmo que depois de procedente a decisão, seja individualizada a liquidação e execução dos pedidos deferidos.

Em síntese, os direitos individuais homogêneos caracterizam-se, principalmente pela possibilidade de determinar os beneficiários e pela divisibilidade.

### 4. Do moderno sistema de acesso coletivo à justiça

O acesso ao judiciário de forma livre pelos cidadãos, é direito reconhecido na Constituição Federal no rol das garantias fundamentais. No contexto atual, há muitas críticas por estudiosos e juristas, quanto ao apego no formalismo processual, fato que pode causar impedimento de aplicação de direitos a quem procura a tutela jurisdicional. A ideia de acesso pelo jurisdicionado, não seria apenas levar em conta o formalismo jurídico, e sim os fatos e valores que estão envolvidos no caso que se discute perante o Poder Judiciário. Nesse sentido, Carlos Henrique Bezerra Leite fala no chamado "...movimento universal de "acesso à justiça".[62]

Atualmente, doutrinadores como Fredie Didier Jr. e Hermes Zaneti Jr., afirmam que a tendência mundial é a universalização do modelo das *class actions*[63], em referência à legislação de processo coletivo norte-americana, como a mais bem-sucedida e difundida entre os ordenamentos jurídicos do *common*

---

(62) LEITE, Carlos Henrique Bezerra. *Ação civil pública na perspectiva dos direitos humanos.* 2. ed. São Paulo: LTr, 2008. p. 79.
(63) Cf. DIDIER JR., Fredie; ZANETI JR., Hermes. *Curso de direito processual civil* — processo coletivo. 5. ed. Salvador: Juspodivm, 2009. v. 4, p. 57.

*law* e do *civil law*. Já Antônio Gidi afirma que as ações coletivas brasileiras são derivadas das *class actions* norte-americanas por via indireta, por meio da doutrina italiana.[64]

No entanto, fica um alerta quanto à analogia realizada por meio da aplicação do modelo norte-americano, pois as *Class Actions* foram idealizadas para aplicação em um país com ordenamentos da *common law*, sendo que, ao se utilizar tal norma nos países da *civil law*, pode-se ter dificuldades de entender e até mesmo confundir com o que atualmente se chama de ativismo judicial.[65]

Em relação ao "ativismo judicial", importante ainda deixar claro que no Brasil tem-se como uma forma proativa de atuação do juiz ao utilizar dos meios de interpretação da lei. Por meio de seu trabalho de julgador, pode interferir, mesmo sem ter intenção, nos demais poderes estatais do Estado. Antônio Gidi, ao pesquisar o assunto, explica sobre as dificuldades que teve ao escrever sobre o tema, envolvendo uma comparação dos dois sistemas:

> Em muitos casos, é extremamente difícil satisfazer a expectativa do jurista de *civil Law* de saber qual o direito aplicável, ou como um Juiz de *common Law* decidiria uma determinada questão. Ademais, os questionamentos que interessam ao jurista de *civil Law* não são necessariamente os mesmos que ocorrem no sistema de *common Law*. O segredo está, portanto, em não somente buscar as respostas que queremos ter, mas também se familiarizar com as perguntas que precisamos fazer.[66]

Um dos problemas a ser enfrentado, como dito anteriormente, é o formalismo processual, pois, dependendo do direito que está sendo postulado, há resistência de aceitação de alguns instrumentos, tendo em vista questões de legitimidade, competências e objeto. Na verdade, a preocupação deveria ser principalmente em alcançar, a quem de direito, a tutela que não foi possível obter fora do Poder Judiciário. Pelo novo modelo de judiciário que se busca, diz Carlos Henrique Bezerra Leite:

---

(64) Cf. GIDI, Antonio. *A* class action *como instrumento de tutela coletiva dos direitos* — as ações coletivas em uma perspectiva comparada. São Paulo: RT, 2007. p. 17.
(65) Sobre o ativismo judicial, importante referir MORELLO, Augusto Mario. *Opciones y alternativas en el derecho procesal*. Buenos Aires: Lajouane, 2006. p. 359 e ss. Cf. DINAMARCO, Cândido Rangel. *Instituições de direito processual civil*. 4. ed. São Paulo: Malheiros, 2004. p.233-4. Nesse texto o autor refere que não se busca um juiz Pilatos, que deixa as coisas acontecerem, sem nada fazer, sendo um juiz não ativo.
(66) GIDI, Antonio. *A* class action *como instrumento de tutela coletiva dos direitos* — as ações coletivas em uma perspectiva comparada, p. 19.

Vê-se, assim, que a nova concepção de acesso à justiça passa, *a fortiori*, pela imperiosa necessidade de se estudar a ciência jurídica processual e seu objeto num contexto político, social e econômico, o que exige do jurista e do operador do direito o recurso constante a outras ciências, inclusive a estatística, que lhe possibilitarão uma melhor reflexão sobre a expansão e a complexidade dos novos litígios para, a partir daí, buscar alternativas de solução desses conflitos.[67]

O que se busca num primeiro momento não seriam somente as garantias de um processo justo, do devido processo legal ou até mesmo da duração razoável do processo e imediata aplicação dos direitos e garantias fundamentais individuais e sociais, mas antes de todos estes princípios, o principal de tudo: a garantia de acesso. E ainda que esse acesso seja permitido por todos os instrumentos processuais possíveis e necessários, de forma a garantir ampla defesa e contraditório, na busca da concretização dos direitos postulados e garantidos na legislação, especialmente na Constituição Federal.

Na esfera dos direitos metaindividuais, muito se discute, por exemplo, se a ação civil pública é meio processual adequado para postular direitos individuais homogêneos, fato que vem sendo quase pacífico o entendimento positivo na jurisprudência. Importante referir ainda que há forte discussão doutrinária e jurisprudencial sobre o uso, pela via da ação civil pública como medida judicial postulando direitos individuais homogêneos, muito se deu e ainda ocorre, tendo em vista que a competência para propor a presente ação é originária do Ministério Público. Nesse caso, poder-se-ia, em tese, estar falando da ação civil coletiva prevista no Código de Proteção e Defesa do Consumidor, e não pública, o que geraria discussão acerca da competência do *parquet*, para propor a demanda.

Ao analisar o problema apontado, Elpídio Donizetti e Marcelo Malheiros Cerqueira analisam já com vistas à modernidade processual no contexto, a chamada teoria mista, na qual o Ministério Público poderia propor uma demanda coletiva em busca de direitos individuais homogêneos, desde que indisponíveis e de interesse social.[68]

Os mesmos autores ainda mencionam e se filiam à chamada teoria ampliativa, a qual afirma que há existência de interesse social em toda demanda coletiva, e, por conseguinte, a legitimidade do Ministério Público para as causas coletivas independentemente da espécie de direito coletivo controvertido. Referem ainda que o Superior Tribunal de Justiça aplica em seus julgados

---

(67) LEITE, Carlos Henrique Bezerra. *Ação civil pública na perspectiva dos direitos humanos*, p. 82.
(68) Cf. DONIZETTI, Elpídio; CERQUEIRA, Marcelo Malheiros. *Curso de processo coletivo*. São Paulo: Atlas, 2010. p. 155.

afirmando que o MP sempre poderá ser autor de ações coletivas, pois o simples fato de a demanda ser coletiva já configura interesse social, e, portanto, também é de interesse público.[69] Entende-se que, a partir dessas afirmações, poderão surgir demandas judiciais usando a terminologia da ação civil pública ao invés de ação civil coletiva que tutela direitos individuais homogêneos, fato reconhecidamente possível pelo Tribunal de Justiça Gaúcho e pelo Superior Tribunal de Justiça. seguem julgados:

> Ementa: APELAÇÃO CÍVEL. RECURSO ADESIVO. RESPONSABILIDADE CIVIL. AÇÃO CIVIL PÚBLICA. RESSARCIMENTO DE VALORES AO PATRIMÔNIO DA FUNDAÇÃO UNIVERSIDADE DE PASSO FUNDO — FUPF, EM FACE DE SUPOSTAS IRREGULARIDADES NA GESTÃO DE VERBAS. PAGAMENTOS INDEVIDOS. RECURSO ADESIVO. NÃO CONHECIMENTO. RECURSO NÃO RECEBIDO NO PRIMEIRO GRAU POR DESERÇÃO E AUSÊNCIA DE INTERESSE RECURSAL. PRELIMINAR DE INCOMPETÊNCIA DA JUSTIÇA ESTADUAL EM FACE DE COMPETÊNCIA ABSOLUTA DA JUSTIÇA DO TRABALHO. ART. 114, VI, DA CF. REJEIÇÃO. DEMANDA QUE VISA A RESPONSABILIZAÇÃO DE ALGUNS DOS DEMANDADOS PELA ATUAÇÃO COMO GESTORES DOS BENS PATRIMONIAIS DA FUNDAÇÃO E NÃO DECORRENTE DE RELAÇÃO EMPREGATÍCIA. PRELIMINAR DE INTEMPESTIVIDADE DA APELAÇÃO DO MINISTÉRIO PÚBLICO POR PRÉ-TEMPESTIVIDADE. REJEIÇÃO. MINISTÉRIO PÚBLICO. TERMO INICIAL DO PRAZO RECURSAL. INTIMAÇÃO PESSOAL. LEGITIMIDADE ATIVA DO MINISTÉRIO PÚBLICO. RECONHECIMENTO. AFASTAMENTO DA EXTINÇÃO DO FEITO. SENTENÇA DESCONSTITUÍDA. Em que pese a Fundação Universidade de Passo Fundo se trate de fundação de direito privado, por expressa disposição legal do art. 66 do Código Civil, o dever de velar pelas fundações recai sobre o Ministério Público do Estado. E velar pelas fundações significa, sem dúvida, defender os interesses fundacionais, tanto administrativa como processualmente por meio de ações, além de intervir nos processos. Isto é, velar pelas fundações é sinônimo de atribuição administrativa, de legitimação ativa ad causam e de legitimação interventiva. Modo igual, a jurisprudência do STJ vem se sedimentando em favor da legitimidade ministerial para promover ação visando a responsabilização civil pela má-gestão em Fundação de Direito Privado. Precedentes do STJ. No caso, a Fundação Univer-

---

(69) Cf. DONIZETTI, Elpídio; CERQUEIRA, Marcelo Malheiros. *Curso de processo coletivo*. São Paulo: Atlas, 2010. p. 156.

sidade de Passo Fundo tem como objetivo manter a Universidade de Passo fundo, instituição de ensino superior, de pesquisa e estudo em todos os ramos do saber e de divulgação científica, técnica e cultural, visando a contribuir para a solução de problemas regionais de natureza econômica, social e cultural. Ora, o direito à educação, insculpido na Constituição Federal é direito indisponível, em função do bem comum, maior a proteger. No caso, evidente o interesse indisponível envolvido na constituição, administração e alcance dos objetivos sociais desta fundação. Além disso, a pretensão reparatória, no caso, trata-se de típico direito individual homogêneo, pretendida pelo recorrente por meio da ação civil pública, se justifica por dizer respeito à educação. Ao depois, a jurisprudência do STJ tem reconhecido a legitimidade do Ministério Público para promover ação civil pública visando a defesa de direitos individuais homogêneos, ainda que disponíveis e divisíveis, quando na presença de relevância social objetiva do bem jurídico tutelado, no caso, a educação. PRELIMINARES REJEITADAS. RECURSO ADESIVO NÃO CONHECIDO. APELAÇÃO PROVIDA PARA DESCONSTITUIR A SENTENÇA.[70]

Trata-se de julgamento onde o Ministério Público, mesmo diante de uma associação privada, é reconhecido como parte legítima a propor a ação civil pública, pois tratando-se de instituição de ensino, reconhecido o direito fundamental à educação constitucionalmente assegurado. Dessa forma, a sociedade como um todo é representada pelo *parquet*. No mesmo sentido, decisão abaixo:

PROCESSUAL CIVIL. AÇÃO CIVIL PÚBLICA. LEGITIMIDADE DO MINISTÉRIO PÚBLICO. DIREITO INDIVIDUAL HOMOGÊNEO. CONSUMIDORES USUÁRIOS DOS SERVIÇOS DE TELEFONIA.

1. Trata-se na origem de ação civil pública proposta pelo Ministério Público do Estado do Mato Grosso contra a Brasil Telecom — filial Telemat, com pedido liminar, em face da ineficácia e precariedade no serviço de telefonia prestado no município de Porto dos Gaúchos, pleiteando: (i) a troca da central de telefonia local para uma

---

(70) TRIBUNAL DE JUSTIÇA DO RIO GRANDE DO SUL. *Jurisprudência*. (Apelação Cível n. 70038692612, Nona Câmara Cível, Relator: Marilene Bonzanini Bernardi, Julgado em 29.6.2011) Disponível em: <http://www.tjrs.jus.br/busca/?q=a%E7%E3o+civil+p%FAblica+e+compet%E-Ancia+e+minist%E9rio+p%FAblico+e+direitos+individuais+homog%EAneos&tb=jurisnova&pesq=ementario&partialfields=tribunal%3ATribunal%2520de%2520Justi%25C3%25A-7a%2520do%2520RS.%28TipoDecisao%3Aac%25C3%25B3rd%25C3%25A3o%7CTipoDecisao%3Amonocr%25C3%25A1tica%7CTipoDecisao%3Anull%29&requiredfields=&as_q=>. Acesso em 20.9.2012.

unidade digitalizada, mais moderna e eficiente; (ii) a manutenção e o funcionamento dos equipamentos; (iii) a contratação de pessoal técnico especializado para esta localidade. 2. O objeto da presente ação civil pública é a defesa dos direitos dos consumidores de terem o serviço de telefonia em perfeito funcionamento, ou seja, temos o direito discutido dentro da órbita jurídica de cada indivíduo, divisível, com titulares determinados e decorrente de uma origem comum. São direitos individuais homogêneos. 3. A jurisprudência desta Corte Superior de Justiça é no sentido da legitimidade do Ministério Público para "promover ação civil pública ou coletiva para tutelar, não apenas direitos difusos ou coletivos de consumidores, mas também de seus direitos individuais homogêneos, inclusive quando decorrentes da prestação de serviços públicos. Trata-se de legitimação que decorre, genericamente, dos arts. 127 e 129, III, da Constituição da República e, especificamente, do art. 82, I, do Código de Defesa do Consumidor (Lei n. 8.078/90)" (REsp 984005/PE, Rel. Ministro Teori Albino Zavascki, Primeira Turma, julgado em 13.9.2011, DJe 26.10.2011). Precedentes. 4. Recurso especial provido.[71]

Ao buscar as soluções para o tema proposto, não se pode deixar de analisar o conceito e discorrer sobre Ideologia e Conservação Dogmática no Direito. Tema abordado por Ovídio A. Baptista da Silva. O processualista acredita firmemente na ideia de que as decisões judiciais, e todo o judiciário opera com resquícios imperiais do Brasil Colônia, atendendo principalmente aos interesses do Poder máximo em um Estado, ou seja, que um conjunto de causas são decididas levando em consideração a posição política do Juiz e não a Lei.

No que diz respeito à conservação de dogmas, defende a ideia de que o Direito não obedece a uma forma lógica como as ciências exatas. Não se concebe na ciência jurídica uma geometria como pretendido nos séculos anteriores. Nesse sentido as palavras do autor:

> Se quisermos, no entanto, constituir o Direito como instrumento democrático, será indispensável discutir com os alunos os casos práticos, colhidos na jurisprudência, mostrando-lhes a *problematicidade* essencial ao fenômeno jurídico, de modo que o Direito abandone o *dogmatismo*, com todas as falsificações da realidade que lhe são inerentes, para lançá-lo na dimensão hermenêutica, reconhecendo-

---

(71) SUPERIOR TRIBUNAL DE JUSTIÇA. *Jurisprudência.* REsp 568734. Julgamento do recurso especial em 19.6.2012 e publicação em 29.6.2012. Disponível em: <http://www.stj.jus.br/SCON/jurisprudencia/doc.jsp?livre=a%E7%E3o+civil+p%FAblica+e+legitimidade+e+minist%E9rio+p%FAblico+e+direitos+individuais+homog%EAneos&&b=ACOR&p=true&t=&l=10&i=2>. Acesso em: 20.9.2012.

-lhe a natureza de ciência da compreensão e, consequentemente, a legitimidade da criação jurisprudencial do Direito. É claro que o primeiro baluarte do sistema a ser atingido pela quebra do *dogma* será a fantasia da doutrina da "separação dos poderes" do Estado.[72]

Seguindo a ideia do autor acima, verifica-se que o sistema jurídico não pode ficar engessado e preso a dogmatismos que impedem a evolução das normas em conjunto com a sociedade. Tal pensamento impede que os cidadãos brasileiros tenham amplas possibilidades processuais de alcançar seus direitos, de modo especial nesse estudo, as normas reconhecidas constitucionalmente como fundamentais. A ação civil pública é um dos principais meios de concretização dos direitos mencionados, sendo por isso importante a ampliação dos poderes de representação e legitimação a ela conferidos.

A teoria ampliativa acima referida, por ora vai ao encontro das decisões judiciais também colacionadas anteriormente, pois, como dito, o simples fato de haver uma demanda coletiva proposta já aponta o interesse social no assunto, e o Ministério Público, por sua vez, teria legitimidade de atuar em prol dos beneficiários.

Ainda sobre o tema, destaca Elaine Harzheim Macedo que é importante criar o Direito como sabedoria popular no sentido de estar comprometido em assegurar os direitos fundamentais que regem ou devem reger a sociedade.[73] Em seu estudo, a autora afirma que deve haver uma responsabilidade processual, tanto das partes como dos juízes e demais envolvidos na lide.

Os legitimados para a proposição da ação civil pública constam no art. 5º da Lei n. 7.347/85, onde têm legitimidade para propor a ação principal e a ação cautelar o Ministério Público como principal titular, a Defensoria Pública, a União, os Estados, o Distrito Federal e os Municípios, a autarquia, empresa pública, fundação ou sociedade de economia mista, a associação que, concomitantemente esteja constituída há pelo menos 1 (um) ano nos termos da lei civil, e ainda inclua, entre suas finalidades institucionais, a proteção ao meio ambiente, ao consumidor, à ordem econômica, à livre concorrência ou ao patrimônio artístico, estético, histórico, turístico e paisagístico.

Ainda, sobre a sentença e coisa julgada[74] no âmbito das lides propostas sob amparo do processo civil brasileiro, verifica-se aplicação, pela doutrina e jurisprudência, do art. 103 do Código de Proteção e Defesa do Consumidor,

---

(72) SILVA, Ovídio Araújo Baptista. *Processo e ideologia* — o paradigma racionalista. 2. ed. Rio de Janeiro: Forense, 2006. p. 37.
(73) Cf. MACEDO, Elaine Harzheim. *Jurisdição e processo*. Porto Alegre: Livraria do Advogado, 2005.
(74) Sobre o tema, importante consulta à obra de PORTO, Sérgio Gilberto. *Coisa julgada civil*. 3. ed. São Paulo: Revista dos Tribunais, 2006.

pois o art. 16 da Lei da ação civil pública é visto com algumas restrições em razão do interesse social que se busca pela via da presente ação.

Analisando as informações acima, verifica-se que os estudos e julgamentos caminham no sentido de que para as demandas coletivas propostas sob a égide do direito processual civil pode ser utilizada a ação civil pública para a tutela de direitos difusos, direitos coletivos *stricto sensu* e também direitos individuais homogêneos.

Em relação ao processo do trabalho, de acordo com os estudos de Carlos Henrique Bezerra Leite, além da existência da Consolidação das Leis Trabalhistas desde 1943, houve a promulgação da Constituição Federal em 1988, do Código de Proteção e Defesa do Consumidor em 1990, e da Lei Orgânica do Ministério Público em 1993, constituindo, ambos amparados de forma subsidiária pelo CPC por força do art. 769 da CLT, três sistemas: *jurisdição trabalhista individual*, destinado aos dissídios individuais em reclamações individuais ou plúrimas; *jurisdição trabalhista normativa*, voltada aos dissídios coletivos com poder de criar normas aplicadas às relações de emprego por força do § 2º do art. 114 da CF/88; e ainda o sistema da *jurisdição trabalhista metaindividual*, este voltado à tutela preventiva e reparatória dos direitos difusos, coletivos e individuais homogêneos.[75]

A principal diferença da jurisdição metaindividual em relação à normativa é que naquela não se criam normas, apenas se aplica por meio da Justiça do Trabalho o direito ou interesse já positivado no ordenamento jurídico. Ao terceiro sistema, também se aplica, além dos diplomas legais acima citados, a Lei da Ação Civil Pública, n. 7.347/85. Dessa forma, o acesso à jurisdição trabalhista metaindividual é feito pela aplicação básica e simultânea dos arts. 129, III e IX[76], 8º, III[77] e 114[78] da CF/88;

---

(75)  Cf. LEITE, Carlos Henrique Bezerra. *Ação civil pública na perspectiva dos direitos humanos*, p. 86-7.
(76)  Art. 129. São funções institucionais do Ministério Público: (...) III — promover o inquérito civil e a ação civil pública, para a proteção do patrimônio público e social, do meio ambiente e de outros interesses difusos e coletivos; (...) IX — exercer outras funções que lhe forem conferidas, desde que compatíveis com sua finalidade, sendo-lhe vedada a representação judicial e a consultoria jurídica de entidades públicas.
(77)  Art. 8º É livre a associação profissional ou sindical, observado o seguinte: (...) III — ao sindicato cabe a defesa dos direitos e interesses coletivos ou individuais da categoria, inclusive em questões judiciais ou administrativas.
(78)  Art. 114. Compete à Justiça do Trabalho processar e julgar: I — as ações oriundas da relação de trabalho, abrangidos os entes de direito público externo e da administração pública direta e indireta da União, dos Estados, do Distrito Federal e dos Municípios; II — as ações que envolvam exercício do direito de greve; III — as ações sobre representação sindical, entre sindicatos, entre sindicatos e trabalhadores, e entre sindicatos e empregadores; IV — os mandados de segurança, *habeas corpus* e habeas data, quando o ato questionado envolver matéria sujeita à sua jurisdição; V — os conflitos de competência entre órgãos com jurisdição trabalhista, ressal-

arts. 83, III, 84 *caput*⁽⁷⁹⁾, e 6º, VII, *a* e *b*⁽⁸⁰⁾ da LC n. 75/93 (LOMPU), Lei da Ação Civil Pública (Lei n. 7.347/85)⁽⁸¹⁾; título III do Código de Proteção e Defesa do Consumidor (Lei n. 8.078/90)⁽⁸²⁾, e ainda, como fontes subsidiárias, a Consolidação das Leis Trabalhistas (CLT) e Código de Processo Civil (CPC).

Veja-se que a garantia aos direitos ou interesses metaindividuais inicia na própria Constituição Federal amparada por todo um complexo sistema normativo, sendo que somente se houver lacunas neste é que será aplicada a CLT e/ou o CPC. Dessa forma não só em relação ao processo civil, como também às lides coletivas oriundas da Justiça do Trabalho, se aplicam os dispositivos citados, no que couber, para a defesa dos interesses difusos, coletivos e individuais homogêneos.

Em sentido sociológico sobre o tema, já abordando todas as esferas processuais do direito, diz Carlos Henrique Bezerra Leite:

A efetivação do acesso coletivo à justiça exige, sobretudo, um "pensar coletivo", que seja consentâneo com a nova ordem jurídica, política, econômica e

---

vado o disposto no art. 102, I, *o*; VI — as ações de indenização por dano moral ou patrimonial, decorrentes da relação de trabalho; VII — as ações relativas às penalidades administrativas impostas aos empregadores pelos órgãos de fiscalização das relações de trabalho; VIII — a execução, de ofício, das contribuições sociais previstas no art. 195, I, *a*, e II, e seus acréscimos legais, decorrentes das sentenças que proferir; IX — outras controvérsias decorrentes da relação de trabalho, na forma da lei.
§ 1º Frustrada a negociação coletiva, as partes poderão eleger árbitros.
§ 2º Recusando-se qualquer das partes à negociação coletiva ou à arbitragem, é facultado às mesmas, de comum acordo, ajuizar dissídio coletivo de natureza econômica, podendo a Justiça do Trabalho decidir o conflito, respeitadas as disposições mínimas legais de proteção ao trabalho, bem como as convencionadas anteriormente.
§ 3º Em caso de greve em atividade essencial, com possibilidade de lesão do interesse público, o Ministério Público do Trabalho poderá ajuizar dissídio coletivo, competindo à Justiça do Trabalho decidir o conflito.
(79) Art. 83. Compete ao Ministério Público do Trabalho o exercício das seguintes atribuições junto aos órgãos da Justiça do Trabalho: (...) III — promover a ação civil pública no âmbito da Justiça do Trabalho, para defesa de interesses coletivos, quando desrespeitados os direitos sociais constitucionalmente garantidos.
Art. 84. Incumbe ao Ministério Público do Trabalho, no âmbito das suas atribuições, exercer as funções institucionais previstas nos Capítulos I, II, III e IV do Título I, especialmente.
(80) Art. 6º Compete ao Ministério Público da União:
(...) VII — promover o inquérito civil e a ação civil pública para: a) a proteção dos direitos constitucionais; b) a proteção do patrimônio público e social, do meio ambiente, dos bens e direitos de valor artístico, estético, histórico, turístico e paisagístico.
(81) Especialmente o art. 21. Aplicam-se à defesa dos direitos e interesses difusos, coletivos e individuais, no que for cabível, os dispositivos do Título III da lei que instituiu o Código de Defesa do Consumidor.
(82) Especialmente o art. 90. Aplicam-se às ações previstas neste título as normas do Código de Processo Civil e da Lei n. 7.347, de 24 de julho de 1985, inclusive no que respeita ao inquérito civil, naquilo que não contrariar suas disposições.

social implantada em nosso sistema a partir da carta Magna de 1988. (...) ciente de que o direito processual tradicional (civil e trabalhista), que é pautado no liberalismo individualista do século XIX, mostrava-se insuficiente e inadequado para solucionar esses novos conflitos de *massa*, o legislador brasileiro, preocupando-se com a instrumentalidade substancial e com a questão da efetividade do processo, assumiu uma posição de vanguarda, digna de encômios. Para tanto, criou novos instrumentos jurídicos e aperfeiçoou os existentes, além de estruturar (e reestruturar) instituições especialmente destinadas à promoção do acesso coletivo de grandes contingentes humanos a um moderno sistema integrado de tutela jurisdicional dos direitos ou interesses metaindividuais.[83]

Por todo exposto até o momento, verifica-se que há um movimento social e jurídico pela busca e concretização de todos os direitos reconhecidos na legislação brasileira, de modo especial, os ditos como fundamentais e sociais previstos na Constituição Federal. Verifica-se que para a eficácia e aplicação de tais normas, também necessário se faz o aperfeiçoamento do atual modelo processual de acesso, principalmente na efetivação dos interesses metaindividuais. Nesse contexto, no desenvolver do presente estudo, também será verificada a ligação entre direito material e processual, por conta do § 1º e do inciso LXXVIII do art. 5º da Carta Magna, o que diz sobre aplicação imediata dos direitos e garantias fundamentais, sejam individuais ou sociais, e ainda com uma duração razoável do processo.

---

(83) LEITE, Carlos Henrique Bezerra. *Ação civil pública na perspectiva dos direitos humanos*, p. 92 e 94.

# Capítulo 2

# *Teoria Geral e Evolução Histórica da Ação Civil Pública*

## 2. Teoria geral e evolução histórica da ação civil pública

### 2.1. Origem e conceito da ação civil pública

O estudo da ação civil pública é de extrema relevância, uma vez que tal meio processual vem cada vez mais sendo utilizado nos processos judiciais coletivos em busca da defesa dos interesses metaindividuais, facilitando, dessa forma, o acesso coletivo ao judiciário.

Verifica-se com a pesquisa doutrinária realizada que a ação civil pública tem origem no direito romano, pois as *actiones* populares tinham previsão legal no Digesto, 47, 23, 1.[84] Tais ações tinham por escopo proteger os interesses da sociedade. Qualquer cidadão do povo poderia ajuizar a ação, instrumento que visava não ao interesse individual do proponente, mas aos interesses da coletividade.[85] Na verdade, não há um consenso doutrinário sobre a verdadeira

---

(84) Compilação das decisões dos jurisconsultos romanos, convertidas em lei por Justiniano, imperador romano do Oriente, e que constitui uma das quatro partes do "*Corpus Juris Civilis*". *Dicionário on-line*. Disponível em: <http://www.dicio.com.br/digesto/>. Acesso em: 26.9.2014.
(85) Cf. MARTINS, Sergio Pinto. *Direito processual do trabalho*. 35. ed. São Paulo: Atlas, 2014. p. 609.

origem da ação civil pública. No entanto, não há divergências em relação ao fato de que o nascimento realmente ocorre no direito romano, e na evolução dos povos a partir do momento em que o foco do direito individualizado dá espaço aos interesses da coletividade.

Aponta-se, de fato, no sentido de que a ação civil pública pode ter de forma global sua origem romana — da ação popular da *rei publicae e rei sacrae,* onde o cidadão detinha, já naquela época, conforme dito acima, o poder de agir em favor da coisa pública, pois, mesmo propondo a ação individualmente, o pedido postulado obrigatoriamente teria que beneficiar a coletividade. Nessa direção, aponta Eduardo Adamovich citando os processualistas Vezio Crisafulli e Humberto Cuenca:

> Crisafulli, por seu turno, afirma ser pretoriana, interdital, a origem das populares *actiones*. Revestidas de caráter público, em presença de ofensa a interesses da coletividade, normalmente em casos criminais, o ainda de ofensa a *res sacrae ou res publicae,* permitiam elas a qualquer cidadão exercitá-las sem prender-se a uma pretensão substancial, como registra Cuenca, que chega a enxergar aí, latente, até mesmo o caráter abstrato do direito de ação que, a seu ver, só teria sido depois aflorado por *Windscheid*.[86]

Já no Brasil, surge na década de setenta por influência dos processualistas italianos, existindo suas raízes desde a época da colonização portuguesa, que já adotava as origens da ação popular romana para proteger os bens públicos, podendo cada cidadão postular em favor da comunidade.[87]

A primeira previsão normativa brasileira surge na Lei Complementar n. 40 de 14.12.1981 com o seguinte texto no art. 3º, III: "São funções institucionais do Ministério Público: (...) III — promover a ação civil pública, nos termos da lei.[88] Inicialmente, portanto, ação judicial de competência exclusiva do *parquet*. Com base em tal norma, Nelson Nery Júnior, um dos idealizadores da atual legislação, já apontava um conceito, dizendo que "ação civil pública é o direito conferido pela lei, em nome do interesse público, ao Ministério Público, a fim de que ingresse com pedido de providências judiciais".[89]

---

(86) VON ADAMOVICH, Eduardo Henrique Raymundo. *Sistema da ação civil pública no processo do trabalho.* São Paulo: LTr, 2005. p. 36-7.
(87) *Ibidem*, p. 95.
(88) Cf. LEITE, Carlos Henrique Bezerra. *Ação civil pública na perspectiva dos direitos humanos.* 2. ed. São Paulo: LTr, 2008. p. 97.
(89) NERY JÚNIOR, Nelson. Ação civil pública. *Revista de Processo,* v. 31, São Paulo: Revista dos Tribunais, *on-line*, p. 224, jul. 1983.

Após, em 1985, o legislador brasileiro, já influenciando pelas tendências de se criar uma legislação protetiva aos chamados "direitos difusos", editou e aprovou a Lei n. 7.347, de 24 de julho daquele ano, conhecida como a Lei da Ação Civil Pública, tendo como sigla "LACP". Logo em seguida, com a promulgação da Constituição Federal em 1988, a ação civil pública teve sua finalidade consideravelmente elevada, pois, conforme leciona Celso Ribeiro Bastos, fazendo análise do art. 129, III, da Carta Magna:

> Apesar de a ação civil pública não estar prevista no capítulo dedicado aos direitos e garantias fundamentais, não deixa de constituir-se em uma das garantias instrumentais dos direitos constitucionalmente assegurados.[90]

A partir da nova Constituição, inclui-se no rol dos direitos que podem ser postulados pela via da ação civil pública, conforme redação do dispositivo citado, além dos já previstos, "outros interesses difusos e coletivos".[91] Também em 1990, a Lei n. 8.078 chancela a ampliação de poderes da ação civil pública incluindo no inciso IV do art. 1º da LACP a mesma expressão prevista na Carta Magna, ou seja, a proteção de "outros interesses difusos e coletivos". Por isso a análise ampliativa de proteção auferida pela lei. Além disso, uma vez previsto o instrumento processual na lei maior, fica indisponível ao legislador infraconstitucional revogá-la, tendo em vista a hierarquia normativa brasileira. Verifica-se que os direitos da coletividade ganham definitivamente a importância que há muito se buscava. Nas palavras de Eduardo Adamovich:

> O Código de Defesa do Consumidor, na verdade, reescreveu a Lei da Ação Civil Pública, conformando-a aos novos ventos democráticos que sopravam sobre o país. Alterou, assim, na esteira daquela primeira interpolação ampliativa, a redação do inc. II do art. 5º, além de alterar as regras pertinentes à desistência infundada ou abandono da causa pelas entidades legitimadas (§ 3º, do art. 5º) e aquelas outras dos §§ 4º, 5º e 6º do mesmo art. 5º, em tema de pré-requisitos de constituição das associações legitimadas; litisconsórcios entre os

---

(90) BASTOS, Celso Ribeiro. *Curso de direito constitucional*. 18. ed. São Paulo: Saraiva, 1997. p. 252.
(91) Importante referir que a hierarquia constitucional no direito brasileiro, em muito se dá pela influência da Teoria Pura adotada com base nos ensinamentos de Hans Kelsen, o qual afirma que as normas de uma ordem jurídica positiva valem porque a norma fundamental que forma a regra basilar da sua produção é pressuposta como válida, e não porque são eficazes; mas elas somente valem se esta ordem jurídica é eficaz ou enquanto está ordem jurídica for eficaz. Logo, se a Constituição, como ordem jurídica perde a eficácia, com ela todas as normas que se apoiam também perdem a vigência (*Teoria pura do direito*. Trad. de João Batista Machado. 4. ed. São Paulo: Martins Fontes, 1994. p. 237).

Ministérios Públicos das diversas entidades da Federação e a possibilidade da firmação de termo de ajuste de conduta ás exigências legais com eficácia de título executivo.[92]

Nas lições de Amauri Mascaro Nascimento, tem-se que:

> A ação civil pública ganhou importância no direito processual contemporâneo como um processo da sociedade de massas e que se ocupa dos direitos coletivos e das respectivas formas de instrumentalização processual que revolucionam a teoria geral do processo.[93]

Ainda no início do presente capítulo verifica-se uma aplicação conceitual no que diz respeito à expressão terminológica que vem sendo utilizada pelo nome "Ação Civil Pública", sob o enfoque de várias opiniões doutrinárias.

Para obter um conceito objetivo que venha amparado pela legislação, pode-se buscar amparo nas palavras de José Maria Rosa Tesheiner quando afirma que "De um modo geral, usa-se a expressão "Ação Civil Pública", para significar qualquer ação civil proposta pelo Ministério Público, tenha ou não caráter coletivo".[94] Na evolução conceitual, Teori Albino Zavascki, embasado na Lei n. 7.347/85 afirma ser um procedimento especial com destino a promover a defesa de direitos e interesses transindividuais.[95] Seguindo a mesma ideia, Antônio Augusto Mello de Camargo Ferraz, Édis Milaré e Nelson Nery Junior conceituam a ação civil pública "como o direito conferido ao Ministério Público, de fazer atuar, na esfera civil, a função jurisdicional".[96]

De outra banda, antes da atualização legislativa dada pela Lei n. 11.448/2007 alterando o art. 5º da Lei n. 7.347/85, atribuindo legitimidade para propor ação civil pública não só ao Ministério Público, mas também a outros entes como, por exemplo, à defensoria pública e às associações civis, fazendo analogia pela finalidade do instrumento processual, com a ação coletiva, hoje prevista legalmente no Código de Proteção e Defesa do Consumidor, Rodolfo de Camargo Mancuso refere Hugo Nigro Mazzilli asseverando:

---

(92) VON ADAMOVICH, Eduardo Henrique Raymundo. *Sistema da ação civil pública no processo do trabalho*, p. 97-8.
(93) NASCIMENTO, Amauri Mascaro. *Curso de direito processual do trabalho*. 28. ed. São Paulo: Saraiva, 2013. p. 987.
(94) TESHEINER, José Maria Rosa; MILHORANZA, Mariângela Guerreiro. Ações coletivas no Brasil — atualidades e tendências. In: *Temas de direito e processos coletivos*. Porto Alegre: HS, 2010. p. 36.
(95) Cf. ZAVASCKI, Teori Albino. *Processo coletivo*: tutela de direitos coletivos e tutela coletiva de direitos. 4. ed. São Paulo: Revista dos Tribunais, 2009. p. 53.
(96) FERRAZ, Antônio Augusto Mello de Camargo; MILARÉ, Édis; NERY JÚNIOR, Nelson. *Ação civil pública e a tutela jurisdicional dos interesses difusos*. São Paulo: Saraiva, 1984. p. 22.

Como denominaremos, pois, uma ação que verse a defesa de interesses difusos, coletivos ou individuais homogêneos? Se ela estiver sendo movida pelo Ministério Público, o mais correto, sob o enfoque puramente doutrinário, seria chamá-la de ação civil pública. Mas, se tiver sido proposta por qualquer outro co-legitimado, mais correto denominá-la de ação coletiva.[97]

Na verdade, ação civil pública e/ou ação coletiva buscam tutelar direitos coletivos *lato sensu* como afirma Voltaire de Lima Moraes:

> A ação civil pública e/ou ação coletiva constituem importantes instrumentos processuais de tutela dos direitos coletivos *lato sensu*. E aquela veicula também em juízo interesses individuais indisponíveis e de defesa da ordem jurídica democrática.[98]

No mesmo sentido, conclui Juliana Hörlle Pereira:

> [...] que os dois grandes arquétipos de ações judiciais coletivas são (a) a ação civil publica, cujo objeto são os direitos coletivos *stricto sensu* e/ou os direitos difusos (portanto, direitos coletivos *lato sensu*); (b) a ação civil coletiva, que tem por objeto os direitos individuais homogêneos, classe em que se enquadram frequentemente os direitos trabalhistas;[99]

O que se busca na verdade é um conceito devidamente atualizado com a legislação constitucional vigente no Brasil, tendo em vista que a norma maior de um Estado democrático de direito deve estar atualizada e voltada ao atendimento das reais necessidades dos cidadãos que compõem aquele espaço territorial. A estrutura normativa de um país, especialmente da Constituição Federal, deve ter como objetivo principal a efetivação dos direitos fundamentais. Diz Peres Luño:

> En la estructura normativa de las Constituciones se advierten los estímulos de la cultura jurídica de su tiempo. El sistema de los derechos fundamentales, que define la parte dogmática de las Constituciones de los Estados de derecho, se advierten estas influencias teóricas.

---

(97) MANCUSO, Rodolfo de Camargo. *Ação civil pública*. 6. ed. São Paulo: Revista dos Tribunais, 1999. p. 19.
(98) MORAES, Voltaire de Lima. Dos provimentos provisórios na ação civil pública e/ou na ação coletiva. *Direito & Justiça*, Porto Alegre, v. 39, n. 2, p. 197-203, jul./dez. 2013.
(99) PEREIRA, Juliana Horlle. *Efetivação dos direitos sociais pelo processo coletivo:* tutela de direitos individuais homogêneos na justiça do trabalho. Dissertação (Mestrado) Pontifícia Universidade Católica do Rio Grande do Sul, Faculdade de Direito, Programa de Pós-Graduação em Direito. Orientador: Prof. Dr. Gilberto Stürmer. Porto Alegre, 2014.

En el diseño constitucional de esa materia se reflejan algunas de las concepciones doctrinales del sistema jurídico más influyentes en el momento de su gestación. De ello se infiere que, el constitucionalismo de las últimas décadas, hayan hallado, eco algunas de las concepciones jurídicas más relevantes e influyentes de ese período.[100]

Nelson Nery Júnior explica que o mesmo fato pode dar ensejo à busca de direitos difusos, coletivos e individuais, diz: "[...] o engano em que vem incorrendo a doutrina ao pretender classificar o direito segundo a matéria genérica, dizendo, por exemplo, que meio ambiente é direito difuso, consumidor é coletivo, etc.".[101]

Eduardo Adamovich afirma que:

> Não é a matéria ou tema em que se inscreve o direito abstratamente considerado, como diz Antônio Gidi, nem, agora ao contrário do que ele diz, a atributividade subjetiva do direito que denunciam a sua natureza. São ambos os critérios da assim chamada refiribilidade e da indivisibilidade que, em conjunto, atestam se um direito é difuso, coletivo ou individual homogêneo.[102]

Ainda contextualizando a situação, entendimento na Espanha sobre o assunto por Pablo Gutiérrez de Cabiedes:

> (...) El interes supraindividual, si bien refleja una posición o aspiración común o compartida por un grupo de sujetos con relación a un mismo bien, está constituído, en realidad, por un conjunto de situaciones jurídico-subjetivas, cada una de las cuales, contemplada en su génesis, es personal...[103]

Verifica-se em um primeiro momento que se trata de um dos meios utilizados para a busca de direitos existentes de uma coletividade, e que algumas vezes poderá até ser determinada dependendo da visão crítica de cada estudioso do tema. Como processo coletivo, visa garantir direitos aos cidadãos. Nota-se que a legislação caminha no sentido de garantir os direitos

---

(100) PÉREZ LUÑO, Antonio-Enrique. Dogmática de los derechos fundamentales y transformaciones del sistema constitucional. *Teoría y Realidad Constitucional,* Madri, n. 20, p. 495-511, 2007. Disponível em: <http://e-spacio.uned.es/fez/eserv.php?pid=bibliuned:TeoriayRealidad-Constitucional2007-3&dsID=dogmatica_dchos.pdf>. Acesso em: 26.9.2014.
(101) NERY JUNIOR, Nelson. *Princípios do processo civil na constituição federal.* 4. ed. São Paulo: Revista dos Tribunais, 1997. p. 120.
(102) VON ADAMOVICH, Eduardo Henrique Raymundo. *Sistema da ação civil pública no processo do trabalho,* p 121.
(103) GUTIÉRREZ DE CABIEDES, Pablo. *La tutela jurisdiccional de los intereses supraindividuales:* colectivos y difusos. Elcano: Aranzadi, 1999. p. 78.

fundamentais dos cidadãos de uma forma universal, possibilitando o amplo acesso, muitas vezes deixando de lado conceitos básicos sobre os meios e formas processuais expressos.

Para uma melhor aplicação das leis em um Estado democrático de direito, de acordo com os estudos de John Rawls, haverá de se ter uma norma constituída no Estado que garanta aos cidadãos dois princípios: o primeiro a garantir direitos e deveres iguais para todos. Já o segundo como fonte de eliminação das desigualdades sociais e econômicas. É a chamada concepção de Justiça como Equidade.[104] No entendimento de Rawls, a busca da correção das injustiças sociais só poderão ser alcançadas com o implemento de políticas públicas visando diminuir as desigualdades, que significaria para os fins deste trabalho uma busca corrente de justiça e imparcialidade na aplicação dos direitos e garantias fundamentais, oferecendo aos cidadãos o máximo de possibilidades processuais, permitindo, quando não de forma imediata, o mais breve possível, alcançar a tutela jurisdicional.

Com previsão expressa na Lei n. 7.347, de 1985, pode-se dizer que na esfera processual civil a ação civil pública é considerada um instrumento especial para promover a garantia de direitos difusos e coletivos *stricto sensu*, sendo que ainda hão de ser consideradas as recomendações constitucionais, do Código de Proteção e Defesa do Consumidor, bem como do próprio Código Civil Brasileiro. Isto dito pelo fato de que em muitas demandas judiciais coletivas a terminologia que deveria ser utilizada é de ação civil coletiva e não pública, sob pena de se instaurar uma confusão dos direitos a serem tutelados.

Verifica-se pelo art. 129, III, da CF/88, que o objeto da ação civil pública é a proteção do patrimônio público e social, do meio ambiente e de outros interesses difusos e coletivos. Porém, o erro de utilização da terminologia, pode decorrer da disposição que consta no art. 1º da Lei n. 7.347/85, pois o dispositivo vincula como objeto da presente ação, o exame da responsabilidade por danos morais e patrimoniais causados ao meio ambiente, ao consumidor, à ordem urbanística, a bens e direitos de valor artístico, estético, histórico, turístico e paisagístico, por infração da ordem econômica e da economia popular.[105]

No mesmo sentido, e sob o amparo do processo civil, importante mencionar que o parágrafo único do mesmo artigo veda o uso da ação civil pública para pretensões que envolvam tributos, contribuições previdenciárias, Fundo de Garantia do Tempo de Serviço ou outros fundos de natureza institucional com possibilidade de identificar os beneficiários.

---

(104)  Cf. RAWLS, John. *Uma teoria da justiça*. Tradução de Almiro Pisetta e Lenita M. R. Esteves. São Paulo: Martins Fontes, 2008. p. 73.
(105)  Cf. MATTE, Maurício. Ação civil pública: tutela de interesses ou direitos difusos e coletivos *stricto sensu*. In: TESHEINER, José Maria. *Processos coletivos*. Porto Alegre: HS, 2012. p. 107.

Para referir a teoria ampliativa de acesso ao judiciário, mencionada no capítulo anterior desse estudo, afirma Adriano Perácio de Paula:

> Direito, prerrogativa e interesse configuram uma mesma realidade jurídica, e assim devem ser tratados. Tanto é que a mesma ação civil pública se presta a proteger tanto os interesses difusos, os direitos coletivos e os interesses individuais homogêneos, até mesmo, e simultaneamente, numa única pretensão judicial.[106]

O que se busca há muito tempo em termos de legislação é a possibilidade de que várias pessoas recebam a prestação jurisdicional o mais breve possível. Tanto que a Emenda Constitucional n. 45/2004 inseriu no rol de direitos e garantias fundamentais da Constituição Federal, o princípio da duração razoável do processo, art. 5º, inc. LXXVIII, CF/88. Um instrumento processual mais completo e capaz de atender às expectativas dos jurisdicionados com maior efetividade. Em complemento às afirmações acima, Sergio Pinto Martins leciona sobre a natureza da ação civil pública dizendo que:

> A ação civil pública pode ter natureza declaratória, de declarar a existência ou inexistência da relação jurídica. Pode ser constitutiva para extinguir ou modificar certa relação. Tem natureza condenatória genérica. Possui característica cominatória, de determinar que se faça ou deixe de fazer algo.[107]

O conceito adequado de tal instrumento processual deverá, pelo menos teoricamente, indicar o sentido, interpretação e o significado que tem sua aplicação, sob pena de se perder ou desvirtuar a intenção legislativa de beneficiar juridicamente a sociedade. Em busca de um conceito adequado à proposta da Constituição Federal vigente, com foco na concretização dos direitos fundamentais e democratização do processo judicial com escopo de alcançar ao maior número de jurisdicionados possíveis a tutela pleiteada, cumpre trazer à baila as palavras de Carlos Henrique Bezerra Leite:

> (...) ação civil pública é o meio (a) constitucionalmente assegurado (b) ao Ministério Público, ao Estado ou a outros entes coletivos autorizados por lei (c) para promover a defesa judicial (d) dos interesses metaindividuais (e). É o meio (a) empregado no sentido de remédio ou garantia fundamental que propicia o acesso dos titulares materiais metaindividuais à prestação jurisdicional. Constitucionalmente assegurado (b), porque a ação civil pública encontra-se catalogada

---

(106) PAULA, Adriano Perácio de. Aspectos da ação civil pública em matéria de consumo. *Revista de Processo,* São Paulo, v. 110, p. 95, abr. 2013.
(107) MARTINS, Sergio Pinto. *Direito processual do trabalho,* p. 609.

expressamente na Constituição Federal (art. 129, III), e isso é de extrema importância, uma vez que ela não poderá ser eliminada de nosso ordenamento por norma infraconstitucional. Ao Ministério Público, ao Estado ou a outros entes coletivos autorizados por lei (c), pois a *legitimatio ad causam*, em tema de ação civil pública decorre de expressa previsão na Constituição Federal (art. 129, III e § 1º), ou na Lei (LACP, art. 5º; CDC, art. 82). Para promover a defesa judicial (d), porquanto a ação civil pública é concebida sob a perspectiva da função promocional do Estado contemporâneo, que cria novas técnicas de encorajamento para que sejam defendidos os interesses sociais, propiciando-lhes adequada tutela jurisdicional. dos interesses metaindividuais (e), expressões juridicamente sinônimas que exprimem o gênero de que são espécies os interesses ou direitos difusos, coletivos e individuais homogêneos. Com efeito, a expressão "e de outros interesses difusos e coletivos", prevista no art. 129, III, da CF, comporta interpretação extensiva, isto é, permite ao legislador infraconstitucional catalogar outros interesses, de natureza metaindividual, que considerar socialmente relevantes, como é o caso dos individuais homogêneos.[108]

Analisando as informações acima, verifica-se que os estudos e julgamentos caminham no sentido de que, para as demandas coletivas propostas sob a égide do direito processual civil, pode ser utilizada a ação civil pública para a tutela de direitos difusos, coletivos *stricto sensu* e também individuais homogêneos.

A evolução social e legislativa há muito exigia um único instrumento normativo visando aplicação à coletividade de normas e garantias fundamentais dispostas constitucionalmente e também em normas decorrentes da própria Carta Magna.

Com a instituição do Estado democrático de direito, a sociedade cada vez mais atua de forma massificada. A consequência lógica de tal efeito na esfera jurídica foi a necessidade de um processo judicial também de massa, atendendo os mais clássicos princípios processuais, tais como da economia processual, da celeridade, da duração razoável do processo, entre outros.

O fato é que será mais efetiva e eficiente uma demanda que alcance o maior número possível de destinatários com a mesma sentença, ao invés de cada cidadão entrar com sua ação judicial, causando o excesso de processo nas prateleiras do judiciário brasileiro, o que por sua vez gera a demora na entrega da prestação jurisdicional ao cidadão.

---

(108) LEITE, Carlos Henrique Bezerra. *Curso de direito processual do trabalho*. 10. ed. São Paulo: LTr, 2012. p. 1427-8.

Talvez essa ideia de atender o maior número de pessoas possível, dê a característica de democratização do processo que traz a ação civil pública, especialmente após as alterações realizadas pelo Código de Defesa do Consumidor, Lei n. 8.036/90, possibilitando, dentro do conceito dos direitos metaindividuais, a defesa dos direitos individuais homogêneos.

No que diz respeito à nomenclatura, ainda houver algumas divergências sobre o termo "ação civil pública", tendo em vista que em determinada época histórica, o instrumento que deu origem ao instituto, era utilizado para defender interesses privados e com legitimidade do órgão público para propor o processo, como já apontado acima. Carlos Henrique Bezerra Leite afirma que toda ação processual é um instituto de direito público pela sua natureza, argumentando ainda que após o fato de que a legitimação do Ministério Público para propor a demanda deixou de ser exclusiva, a discussão sobre a nomenclatura perde totalmente o sentido.[109]

Após os esclarecimentos desenvolvidos em relação à origem e conceito da ação civil pública, importante mencionar o seu real objeto após as modificações legislativas que ocorreram no decorrer dos anos desde a ideia inicial do instrumento processual.

## 2.2. Objeto da ação civil pública

O ser humano, desde os primórdios da humanidade até os dias atuais, atua no desenvolvimento das relações sociais. O homem vive em sociedade, e por isso há sempre uma perspectiva de relações coletivas. O aperfeiçoamento do convívio social vem evoluindo desde os tempos mais antigos, sendo que em relação à tutela coletiva dos direitos, como dito anteriormente, em Roma já havia a previsão de instrumento processual, a ação popular, destinada à proteção do interesse público. Se for observada a Idade Média, também pode-se dizer que os indivíduos eram mais reconhecidos quando identificados pela classe à qual pertenciam, fatos que se desenvolveram até as revoluções industrial e francesa, quando o agir coletivo ganhou realmente força em busca de novos ideais e de uma sociedade mais igualitária.

Em relação aos conflitos coletivos, disserta Carnelutti que conflitos de categorias ou grupos sempre existiram, porém, para que adquiram aspecto de lide processual no judiciário, é necessário que tal grupo ou categoria demonstre certo grau de organização no sentido de promover a defesa dos seus

---

(109)   Cf. LEITE, Carlos Henrique Bezerra. *Ação civil pública na perspectiva dos direitos humanos*, p. 99.

interesses comuns.⁽¹¹⁰⁾ Dessa forma, verifica-se que o tratamento dos conflitos oriundos de uma sociedade ou grupo, pode acontecer de forma individual ou em grupo, sendo necessário que o poder judiciário atenda às solicitações quando provocado pelos jurisdicionados.

Diante das conquistas e evoluções pelas quais passa a sociedade, entende-se que a solução coletiva de conflitos é mais adequada às civilizações avançadas no processo de desenvolvimento. Não menos importante, também para os países em desenvolvimento, pois a conscientização política faz parte do processo evolutivo de um povo.⁽¹¹¹⁾

É na esfera da solução dos conflitos coletivos que assumem relevância os chamados direitos fundamentais de terceira dimensão, denominados direitos de fraternidade ou de solidariedade, conforme explica Ingo Wolfgang Sarlet:

> Os direitos fundamentais da terceira dimensão, também denominados de direitos de fraternidade ou de solidariedade, trazem como nota distintiva o fato de se desprenderem, em princípio, da figura do homem-indivíduo como seu titular, destinando-se à proteção de grupos humanos (povo, nação), caracterizando-se, consequentemente, como direitos de titularidade transindividual (coletiva ou difusa).⁽¹¹²⁾

Dessa forma, os direitos de terceira dimensão, assim como os de primeira e segunda dimensões, se classificaram a partir da evolução social impondo a necessidade de um mecanismo processual adequado para lhes prestar a tutela adequada, ou seja, na medida em que os relacionamentos da sociedade se massificam e se globalizam, aumentam-se as chances de que determinados atos possam causar prejuízos a mais de uma pessoa, grupo, classe ou categoria. Tem-se um conflito coletivo, que gera, por conseguinte, um processo judicial coletivo.⁽¹¹³⁾ Resta evidente que um processo individual se torna inviável e impotente para atender em tempo razoável os destinatários de tais direitos, que ao mesmo tempo pertencem a todos e a ninguém. Nesse sentido, afirma Barbosa Moreira que "o processo fica mais limpo, corre com maior tranquilidade. Por outro lado, essa revolução tem também um significado político social".⁽¹¹⁴⁾

---

(110) Cf. CARNELUTTI, Francesco. *Instituciones del proceso civil*. Trad. Santiago Sentis Melendo. Buenos Aires: Ejea, 1973. v. I, p. 41-2.
(111) Cf. GRINOVER, Ada Pellegrini. As garantias constitucionais do processo nas ações coletivas. *Repro*, n. 43, São Paulo: RT, p. 21, jul./set. 1986.
(112) SARLET, Ingo Wolfgang; MARINONI, Luiz Guilherme; MITIDIERO, Daniel. *Curso de direito constitucional*, p. 274.
(113) MARINONI, Luiz Guilherme; ARENHART, Sérgio Cruz. *Curso de processo civil:* procedimentos especiais. São Paulo: Revista dos Tribunais, 2009. v. 5, p. 293-4.
(114) BARBOSA MOREIRA, José Carlos. Ações coletivas na Constituição Federal de 1988. *Repro,* v. 61. São Paulo: RT, p. 187-00, jan./mar. 1991.

A tutela mencionada no parágrafo anterior, conforme explica Cândido Rangel Dinamarco, tem o significado e objetivo de assegurar a conformação dos institutos do direito processual e o seu desenvolvimento nos princípios que nascem da ordem constitucional.[115] Muito embora o processo civil brasileiro tenha a ação individual como fundamento central de todo o sistema legislativo processual[116], a evolução dos processos coletivos está em plena atividade, visualizando-se como principal ferramenta processual de concretização dos direitos fundamentais.

Na busca da efetiva tutela dos direitos acima mencionados, aqueles de terceira dimensão, tem-se que o pedido da ação civil pública pode ter natureza condenatória, declaratória, constitutiva, mandamental ou executiva. Se analisar pela natureza jurídica, o art. 129, III, da Constituição coloca como objeto da presente ação a proteção do patrimônio público e social, do meio ambiente e de outros interesses difusos e coletivos.

Na legislação específica, Lei n. 7.347/85, o art. 1º expressa como objeto da ação civil pública a verificação de responsabilidade pelos danos morais[117] e patrimoniais causados ao meio ambiente, ao consumidor, a bens e direitos de valor artístico, estético, histórico, turístico e paisagístico, a qualquer outro interesse difuso ou coletivo, por infração à ordem econômica, à ordem urba-

---

(115)  Cf. DINAMARCO, Cândido Rangel. *A instrumentalidade do processo*. 11. ed. São Paulo: Malheiros, 2003. p. 27.
(116)  Cf. DIDIER JR., Fredie; ZANETE JR., Hermes. *Curso de direito processual civil*. 5. ed. Salvador: Juspodivm, 2007. v. 4, p. 30.
(117)  Importante referir que há certo desconforto em relação à caracterização de dano moral coletivo na doutrina e jurisprudência como se pode observar: Teori Zavascki afirma que o dano moral não pode ter natureza transindividual, muito embora o art. 1º da LACP tenha previsão (ZAVASCKI, Teori Albino. *Processo coletivo*: tutela de direitos coletivos e tutela coletiva de direitos. 4. ed. São Paulo: Revista dos Tribunais, 2009. p. 61). No mesmo sentido, jurisprudência do STJ: AGRAVO REGIMENTAL EM RECURSO ESPECIAL. ADMINSTRATIVO. AÇÃO CIVL PÚBLICA. SERVIÇO DE TELFONIA. POSTOS DE ATENDIMENTO. REABERTURA. DANOS MORAIS COLETIVOS. INEXISTÊNCIA. PRECDENTE. AGRAVO IMPROVIDO. 1. A Egrégia Primeira Turma firmou já entendimento de que, em hipóteses com tais, ou seja, ação civil pública objetivando a reabertura de posto de atendimento de serviço de telefonia, não há falar em dano moral coletivo, uma vez que "Não parece ser compatível com o dano moral a idéia da 'transindividualidade' (= da indeterminabilidade do sujeito passivo e da indivisibilidade da ofensa e da reparação) da lesão" (REsp n. 971.84/RS, Relator Ministro Teori Albino Zavascki, in DJe 12/201). 2. No mesmo sentido: REsp n. 598.21/MG, Relator p/acórdão Ministro Teori Albino Zavascki, in DJ 1º.6.2006 e REsp n. 821.891/RS, Relator Ministro Luiz Fux, in DJe 12/5208. 3. Agravo regimental improvido. Indivisibilidade da ofensa e da reparação) da lesão" (REsp n. 971.84/RS, Relator Ministro Teori Albino Zavascki, in DJe 12/201). 2. No mesmo sentido: REsp n. 598.21/MG, Relator p/acórdão Ministro Teori Albino Zavascki, in DJ 1º.6.2006 e REsp n. 821.891/RS, Relator Minstro Luiz Fux, in DJe 12/5208. 3. Agravo regimental improvido. Disponível em: <https://ww2.stj.jus.br/processo/revista/documento/mediado/?componente=ATC&sequencial=10631194&num_registro=200802833921&data=20100803&tipo=5&formato=PDF>. Acesso em: 26.9.2014.

nística, à honra e à dignidade de grupos raciais, étnicos ou religiosos, e ao patrimônio público e social.

No parágrafo único do mesmo dispositivo, exclui dos objetos da presente ação processual pretensões que envolvam tributos, contribuições previdenciárias, o Fundo de Garantia do Tempo de Serviço — FGTS ou outros fundos de natureza institucional cujos beneficiários podem ser individualmente determinados. Talvez ao final do presente estudo, chegar-se-á à conclusão de que a presente regra disposta no parágrafo único do art. 1º da LACP represente uma contradição aos seus propósitos.

No art. 3º da norma, verifica-se como objeto da presente ação a condenação em dinheiro ou cumprimento de obrigações de fazer e não fazer.

De acordo com a Constituição Federal e a LACP, tem-se por objeto da ação civil pública direitos difusos e coletivos de um grupo cuja titularidade é subjetivamente indeterminada ou relativamente determinável nos casos dos direitos coletivos *stricto sensu*.[118] Ou ainda, sobre estes últimos, de direitos coletivos em cujos indivíduos não há predeterminação. Com o advento do Código de Defesa do Consumidor, também pode-se dizer que é possível postular por meio da ação civil pública direitos individuais homogêneos, fato que já reconhecido em grande parte da doutrina e na jurisprudência.

Quando a legislação expressa conceito aberto ao afirmar que são objetos da ação civil pública "outros interesses difusos e coletivos", entende-se que a única limitação fica por conta do já mencionado parágrafo único do art. 1º. Nesse sentido, mesmo sendo contrário à limitação imposta na LACP, disserta o processualista Hugo Nigro Mazzilli:

> Por isso, além das hipóteses já expressamente previstas em diversas leis (defesa de meio ambiente, consumidor, patrimônio cultural, crianças e adolescentes, pessoas portadoras de deficiências físicas, investidores lesados no mercado de valores mobiliários, ordem econômica, economia popular, ordem urbanística) — quaisquer outros interesses difusos, coletivos ou individuais homogêneos podem em tese ser defendidos em juízo por meio da tutela coletiva.[119]

Diante das inúmeras possibilidades que podem ser postuladas, haja vista o conceito aberto na legislação, torna-se inviável, até porque não é o foco prin-

---

(118) Classificação específica dos direitos coletivos *stricto sensu* pode ser verificada em ZAVASCKI, Teori Albino. *Processo coletivo*: tutela de direitos coletivos e tutela coletiva de direitos. 4. ed. São Paulo: Revista dos Tribunais, 2009.
(119) MAZZILI, Hugo Nigro. *A defesa dos interesses difusos em juízo*: meio ambiente, consumidor, patrimônio cultural, patrimônio público e outros interesses. 16. ed. São Paulo: Saraiva, 2003. p. 118.

cipal dessa pesquisa elencar todos os possíveis direitos difusos e coletivos. No entanto, pode-se conceitualmente, com base também na legislação por força do art. 81 do Código de Defesa do Consumidor (Lei n. 8.078/90), ter uma ideia das definições de cada modalidade no que diz respeito aos direitos difusos, coletivos e individuais homogêneos:

> **Art. 81.** A defesa dos interesses e direitos dos consumidores e das vítimas poderá ser exercida em juízo individualmente, ou a título coletivo.
>
> **Parágrafo único.** A defesa coletiva será exercida quando se tratar de:
>
> I — interesses ou direitos difusos, assim entendidos, para efeitos deste código, os transindividuais, de natureza indivisível, de que sejam titulares pessoas indeterminadas e ligadas por circunstâncias de fato;
>
> II — interesses ou direitos coletivos, assim entendidos, para efeitos deste código, os transindividuais, de natureza indivisível de que seja titular grupo, categoria ou classe de pessoas ligadas entre si ou com a parte contrária por uma relação jurídica base;
>
> III — interesses ou direitos individuais homogêneos, assim entendidos os decorrentes de origem comum.[120]

Não se pretende discorrer exaustivamente nesse tópico acerca das diferenças de cada uma das modalidades previstas no art. 81 do CDC, pelo fato de que no Capítulo I do presente estudo já se apontaram os conceitos necessários. De acordo com o dispositivo acima, pode-se exemplificar brevemente cada um dos direitos postulados pela via da ação civil pública. Sendo os direitos difusos por natureza indivisíveis e pertencentes a todos e a ninguém ao mesmo tempo, o exemplo mais clássico que se pode apontar é o direito ao meio ambiente saudável. Em relação aos direitos coletivos indivisíveis pertencentes a determinado grupo ou classe de pessoas ligadas entre si ou com a parte contrária por uma relação jurídica base, pode-se apontar como exemplo o direito dos trabalhadores de uma empresa, ao meio ambiente interno sadio. Por último, ainda, os direitos individuais homogêneos, assim entendidos os decorrentes de origem comum, onde se cita, a título de exemplo, impedir o reajuste aos contratantes de um plano de saúde por determinada faixa etária.

O art. 117 do Código de Defesa do Consumidor modificou a redação do art. 21 da LACP, incluindo neste último aplicação, no que for cabível, das dis-

---

(120) BRASIL. Lei n. 8.078, de 11 de setembro de 1990. Dispõe sobre a proteção do consumidor e dá outras providências.

posições do primeiro para a defesa dos direitos e interesses difusos, coletivos e individuais. Por isso hoje a semelhança entre ação civil pública e ação coletiva prevista no diploma legal de proteção ao consumidor. Nenhuma das normas com menos importância em seu objeto. Nesse sentido, Voltaire de Lima Moraes:

> A ação civil pública e/ou ação coletiva constituem importantes instrumentos processuais de tutela dos direitos coletivos *lato sensu*. E aquela veicula também em juízo interesses individuais indisponíveis e de defesa da ordem jurídica democrática.[121]

Diante do exposto até aqui, nota-se, na esfera dos processos coletivos que a ação civil pública é instrumento processual que visa a tutela dos direitos de terceira dimensão (difusos e coletivos). Diante disso, verifica-se que tal instrumento processual pode ser utilizado para manutenção da ordem jurídica em uma espécie de exercício de cidadania, situação que pode ser mais bem esclarecida ao adentrar no estudo da finalidade do instrumento processual analisado, proposta no próximo item da pesquisa.

## 2.3. Finalidade da ação civil pública

A finalidade da ação civil pública de um modo geral, até pelo exposto nos objetivos acima descritos, é permitir o acesso amplo à justiça, ter economia processual e concretizar direitos materialmente previstos.[122] Nota-se que, se for feita leitura abreviada, pode-se até dizer que se confundem o objeto e finalidade do presente instrumento processual. No entanto, esta última tem um espectro um tanto mais amplo tendo em vista que visa a sociedade como um todo.

Ao escrever sobre a finalidade do processo coletivo, Leonardo Santana de Abreu, parafraseando as palavras de Ricardo de Barros Leonel, ressalta não haver questionamentos em relação à tutela dos interesses coletivos como função normativa da ação civil pública. Porém, a situação não reflete apenas a aplicação do direito material postulado, mas também a realização de funções políticas em benefício da sociedade.[123] Insta salientar brevemente que a realização de políticas públicas por meio do judiciário é tema amplamente divergente na doutrina e jurisprudência brasileira.

---

(121) MORAES, Voltaire de Lima. Dos provimentos provisórios na ação civil pública e/ou na ação coletiva. *Direito & Justiça*, Porto Alegre, v. 39, n. 2, p. 197-203, jul./dez. 2013.
(122) Cf. DONIZETTI, Elpídio; CERQUEIRA, Marcelo Malheiros. *Curso de processo coletivo*. São Paulo: Atlas, 2010. p. 6.
(123) Cf. ABREU, Leonardo Santana de. A finalidade do processo coletivo. In: *Processos coletivos*. Porto Alegre: HS, 2012. p. 18.

Na verdade, nos termos da legislação específica já apontada, há de se ter um argumento que vise interesse social, podendo ser até mesmo as questões de acesso à justiça e economia processual, princípios já consagrados na legislação e doutrina processualista brasileiras. Porém, mostra-se que qualquer processo coletivo proposto no âmbito judicial, seja pela via da ação civil pública ou pela ação coletiva, até pelos conceitos previstos na LACP (art. 1º) e no Código de Defesa do Consumidor (art. 81) demonstra interesse público, e por isso tem relação diretamente com o interesse social.[124] A sociedade como um todo tem interesse no resultado final de um processo judicial coletivo. Portanto, a primeira finalidade que se verifica é o interesse público e social dos direitos que são postulados por meio de uma demanda judicial coletiva. O processo coletivo serve para "a litigação de interesse público".[125]

Quando se menciona como finalidade o interesse público, vai-se ao encontro de todo estudo realizado até aqui quando referido que os direitos postulados por meio da ação civil pública são de terceira dimensão, aqueles conhecidos como direitos de solidariedade ou de fraternidade. Em síntese, trata-se de direitos constitucionalmente reconhecidos em um país constituído pelo Estado democrático de direito.

Ainda em relação à afirmativa de que um processo coletivo deve ter a finalidade de atender ao interesse público, é importante observar que o poder judiciário, que antes da promulgação da Constituição Federal de 1988 não intervinha de forma significativa em questões envolvendo a comunidade. A partir de então, a Carta Magna colocou o Poder Judiciário à disposição da sociedade como instância julgadora dos conflitos coletivos envolvendo direitos metaindividuais, ou seja, desconsiderando a diferença entre interesses públicos e privados, em respeito à Constituição e à realização de políticas públicas.[126]

A finalidade principal da ação civil pública fica por conta da concretização dos interesses transindividuais, ou seja, aqueles de origem comum a determinado grupo, classe ou categoria de pessoas, de acordo com a própria disposição conceitual prevista no art. 81 do Código de Defesa do Consumidor. Coloca-se tal modalidade de forma intermediária entre os interesses públicos e privados, sendo os primeiros representam bens inteiramente da sociedade e os segundos aqueles restringidos individualmente aos destinatários.[127]

---

(124)  Cf. DONIZETTI, Elpídio; CERQUEIRA, Marcelo Malheiros. *Curso de processo coletivo*, p. 17-20.
(125)  DIDIER JR., Fredie; ZANETI JR., Hermes. *Curso de direito processual civil* — processo coletivo. 5. ed. Salvador: Juspodivm, 2007. v. 4, p. 34.
(126)  *Ibidem*, p. 39-41.
(127)  Cf. ABREU, Leonardo Santana de. A finalidade do processo coletivo. In: *Processos coletivos*. Porto Alegre: HS, 2012. p. 20.

Nota-se a zona intermediária, uma vez que os interesses transindividuais, sendo aqueles possíveis de postular por meio das ações coletivas, entre estas a ação civil pública, mesclam características específicas de interesses públicos e privados.

A legislação consumeira coloca como passível de tutela direitos e interesses meta ou transindividuais, porém há de se ressaltar que poderá haver doutrinadores divergindo em relação ao termo que seria mais correto aplicar.

José Maria Rosa Tesheiner diz que seria mais correto dizer "interesse difuso" e "interesse coletivo", eis que haverá direito subjetivo, em regra, na hipótese dos direitos individuais.[128]

É possível que a divergência não ocorra, firmando-se o entendimento de uso da palavra "direitos", se se levar em consideração que os direitos ora postulados por meio da ação civil pública, em tese, estão catalogados na Constituição Federal ou em norma dela decorrente. Para a finalidade do instituto, a discussão pouco interfere.

Pelo fato de a finalidade da ação civil pública ser o próprio interesse público, ou seja, da coletividade, o processualista Barbosa Moreira ressalta em seus estudos que uma ação coletiva pode abarcar tanto lides essencialmente coletivas, relativas a um número indeterminado de sujeitos e/ou objeto indivisível, como lides acidentalmente coletivas, as quais tratam dos chamados direitos individuais homogêneos.[129]

Verifica-se que, para atingir o interesse público, as tutelas que visam tutelar direitos coletivos devem ser postuladas por institutos processuais adequados e próprios. Daí por que o processo civil tradicional na sua origem não é adequado, necessitando de atualização diante da evolução social, uma vez que foi criado essencialmente para atender os direitos individuais em ações também individualizadas. Da mesma forma, os operadores do direito necessitam de atualização legislativa para operar os novos institutos processuais destinados à tutela dos direitos e interesses difusos, coletivos e individuais homogêneos. No entanto, as dificuldades de operacionalização dos processos coletivos devem ser superadas, eis que sua aplicabilidade na sociedade que cada vez mais massifica seus relacionamentos se torna por derradeiro imprescindível.[130]

---

(128) TESHEINER, José Maria. Ações coletivas pró-consumidor. *Revista Ajuris,* v. 19, n. 54. p. 75-106, Porto Alegre, p. 80, mar. 1992.
(129) Cf. BARBOSA MOREIRA, José Carlos. Ações coletivas na Constituição Federal de 1988. *Repro,* v. 61, São Paulo: RT, p. 187-200, jan./mar. 1991.
(130) Cf. MARINONI, Luiz Guilherme; ARENHART, Sérgio Cruz. *Curso de processo civil:* procedimentos especiais. São Paulo: Revista dos Tribunais, 2009. v. 5, p. 294-5.

Uma das modificações mais relevantes ao longo dos anos, realizada na lei da ação civil pública, foi a legitimação de outros entes, além do Ministério Público, titularem com exclusividade por muito tempo para propor a presente ação.[131] Provavelmente tal modificação foi realizada em atendimento ao interesse público como finalidade principal da ação coletiva.

No sentido de necessidade do novo instrumento processual para atender às demandas de forma coletiva, visualizando o interesse público da sociedade em evolução, diz-se que o processo proposto de forma individual na atualidade deixa de atender ao princípio constitucional do devido processo legal, tendo tal regra basilar também de se adequar à lide coletiva.[132]

Resta evidentemente demonstrado que há interesse socialmente amplo no fato de uma sentença atingir o maior número de pessoas possíveis, principalmente se concretizar os direitos previstos na Constituição Federal. Assim, verifica-se que a sentença de uma ação coletiva tem seus efeitos potencializados, tornando-se extremamente perigosa ao réu se levados em consideração os custos da ação e o alto valor que poderá ter a decisão final. Possibilidade de uma situação de desigualdade invertida.[133]

Para cumprir à finalidade de atender ao interesse público, necessário que a ação civil pública ou qualquer outro instrumento de tutela dos direitos e interesses coletivos, realizem o direito objetivo previsto na legislação em busca da paz social e concretização do direito material. Nesse sentir:

> O processo tem como finalidade a realização do direito objetivo, a pacificação social e a efetiva realização do direito material, com objetivo de alcançar a justiça do caso concreto, ainda que essa seja um tanto quanto utópica. Com efeito, o problema das finalidades do processo se põe menos em termos teóricos e mais em relação ao seu efetivo alcance. Resta saber, portanto, em que medida o processo coletivo serve ás mencionadas finalidades do processo; em que medida traz inovações e/ou dá ênfase a um ou outro aspecto da finalidade

---

(131) Não se desenvolvem tais questões com mais detalhes nesse item pelo fato de que a pesquisa prevê logo adiante tópico específico tratando da legitimidade ativa e passiva para propor a ação civil pública. De acordo com Teori Zavascki, junto com o instituto da coisa julgada, as questões de legitimidade *ad causam* são os temas mais controvertidos sobre o assunto (ZAVASCKI, Teori Albino. *Processo coletivo:* tutela de direitos coletivos e tutela coletiva de direitos. 4. ed. São Paulo: Revista dos Tribunais, 2009. p. 34).
(132) Cf. GRINOVER, Ada Pellegrini. As garantias constitucionais do processo nas ações coletivas. *Repro*, n. 43, São Paulo: RT, jul./set. 1986.
(133) Cf. GIDI, Antônio. *A class action como instrumento de tutela coletiva dos direitos* — as ações coletivas em uma perspectiva comparada. São Paulo: Revista dos Tribunais, 2007. p. 28-9.

do processo? (...) Mediante as ações coletivas, busca-se a afirmação da cidadania e alternativa para os problemas oriundos da exclusão social em massa conforme visto em seus objetivos.[134]

O mesmo autor prossegue relacionando as finalidades do processo individual e do processo coletivo, apenas ressaltando que neste último há contornos próprios que devem ser destacados. Conclui:

> (...) se de um lado o processo coletivo contém contornos próprios, não há dúvida de que também atende ás mesmas finalidades do processo concebidas tradicionalmente. Já se disse que o processo coletivo afigura-se importante medida de pacificação social, em razão da sua própria abrangência, valendo destacar também a sua natureza inclusiva, decorrência da relevância que confere ao "acesso á justiça", o que também colabora com sua missão pacificadora. (...) Em vista disso, é lícito dizer que o processo coletivo mantém as finalidades do processo individual, elencadas na teoria geral, trazendo-lhes alguns contornos próprios. (...) Não se pode perder de vista, no entanto, que o processo coletivo tem o seu campo de atuação próprio, de modo que entendemos possa conviver perfeitamente ao lado do processo individual, sem que haja necessidade de sobreposição de um sobre o outro.[135]

Por conta do estudo descrito acima, verifica-se que a principal finalidade da ação civil pública, de maneira ampla, é o interesse público, atendido com a realização do direito objetivo, atendendo à pacificação social por meio da aplicação e concretização do direito material constitucionalmente previsto, ou gerado a partir das normas constitucionais.

Uma vez delimitados os objetivos e a finalidade da ação civil pública enquanto processo coletivo necessário na sociedade em evolução, passa-se a seguir ao tratamento do tópico da competência de atuação do referido instituto processual.

## 2.4. Competência da ação civil pública

As regras gerais processuais de competência estão previstas no Código de Processo Civil Brasileiro, diploma legislativo que será aplicado de forma

---

(134) ABREU, Leonardo Santana de. A finalidade do processo coletivo. In: *Processos coletivos*. Porto Alegre: HS, 2012. p. 37.
(135) *Ibidem*, p. 38-9.

residual à ação civil pública quando lhe faltar regulamentação própria. Antes de adentrar nas regras específicas da ação civil pública, importante relembrar de forma breve as normas gerais de competência:

> Para a determinação da competência interna — e só pode ser interna, porquanto o poder dos órgãos jurisdicionais brasileiros não vai além dos limites da soberania nacional —, o código de processo civil leva em conta os seguintes critérios: o valor da causa, a matéria, o critério funcional e o território. A doutrina inclui ainda, o critério em razão da pessoa. O critério é denominado *objetivo* quando a competência pe fixada em razão do valor da causa, da matéria discutida no processo e das pessoas envolvidas no litígio. Será *funcional* quando o critério básico para determinação da competência relacionar-se com o conjunto de atribuições que as leis conferem aos diversos órgãos judiciários que vão atuar no processo. Diz-se *territorial* quando o critério levar em conta a divisão do poder jurisdicional em razão de foros ou circunscrições judiciárias em que está dividido o país. Conforme critérios que podem ser utilizados para determinação da competência, esta pode ser relativa ou absoluta. Via de regra, a competência será relativa (ou seja, passível de modificação ou prorrogação) quando for determinada em razão do território ou do valor da causa (art. 102 do CPC). Será absoluta, imodificável, quando fixada em razão da matéria, da pessoa e do critério funcional (incluindo-se a competência hierarquica), conforme art. 111 do CPC.[136]

A competência da ação civil pública está expressamente prevista no art. 2º da Lei n. 7.347/85. Dispõe a norma que a ação civil pública deve ser proposta no foro do local onde ocorrer o dano, cujo juízo terá competência funcional para processar e julgar a causa.

Nota-se que há uma competência absoluta atribuída ao juiz da ação quando esta é distribuída e atende aos requisitos formais de propositura do processo nos termos da lei específica, pois o parágrafo único do mesmo dispositivo informa que a propositura da ação prevenirá a jurisdição do juízo para todas as ações posteriormente intentadas que possuam a mesma causa de pedir ou o mesmo objeto.

Há de se levar em conta também que a competência funcional existe quando, em diferentes fases do processo, funcionam diferentes órgãos jurisdicionais. O artigo mencionado trata de competência funcional quando na verdade expressa ideia de competência absoluta.[137]

---

(136) DONIZETTI, Elpídio; CERQUEIRA, Marcelo Malheiros. *Curso de processo coletivo,* p. 194.
(137) Cf. MATTE, Maurício. Ação Civil Pública: Tutela de Interesses ou direitos difusos e coletivos *stricto sensu*. In: *Processos coletivos*. Porto Alegre: HS, 2012. p. 113.

Ao analisar o artigo da lei específica, não parece que a norma tem intenção de instituir competência funcional, mas sim expressar que a competência para as ações civis públicas fundadas na Lei n. 7.347/85, embora fixada em razão do local do dano, é absoluta, e portanto inderrogável e improrrogável por vontade das partes.[138] Para complementar as regras de competência, a Lei n. 8.078/90 (Código de Defesa do Consumidor) expressa, nas disposições que regem as regras de competância para defesa dos direitos individuais homogêneos, em seu art. 93 que:

> **Art. 93.** Ressalvada a competência da Justiça Federal, é competente para a causa a justiça local:
>
> I — no foro do lugar onde ocorreu ou deva ocorrer o dano, quando de âmbito local;
>
> II — no foro da Capital do Estado ou no do Distrito Federal, para os danos de âmbito nacional ou regional, aplicando-se as regras do Código de Processo Civil aos casos de competência concorrente.[139]

Em relação ao artigo transcrito acima, importante referir na íntegra o comentário dos autores do anteprojeto do Código de Defesa do Consumidor:

> Embora inserido no capítulo atinente "às ações coletivas em defesa aos interesses individuais homogêneos", o art. 93 do CDC rege todo e qualquer processo coletivo, estendendo-se às ações em defesa de interesses difusos e coletivos. Não há como não utilizar, aqui, o método integrativo, destinado ao preenchimento da lacuna da lei, tanto pela *interpretação extensiva* (extensão do significado da norma) como pela *analogia* (extensiva da intenção do legislador). (...) Se o art. 93 do CDC fosse aplicável apenas aos interesses individuais homogêneos, o resultado seria a regra da competência territorial de âmbito nacional ou regional só para as ações em defesa dos aludidos direitos, enquanto nos processos coletivos para a tutela dos interesses difusos e coletivos a competência nacional ou regional ficaria fora do alcance da lei. O absurdo do resultado dessa posição é evidente, levando a seu repúdio pela razão e pelo bom senso, para o resguardo da coerência do ordenamento.[140]

---

(138) Cf. MAZZILI, Hugo Nigro. *A defesa dos interesses difusos em juízo:* meio ambiente, consumidor, patrimônio cultural, patrimônio público e outros interesses, p. 232.
(139) BRASIL. Lei n. 8.078, de 11 de setembro de 1990. Dispõe sobre a proteção do consumidor e dá outras providências.
(140) GRINOVER, Ada Pellegrini. *Código de defesa do consumidor comentado pelos autores do anteprojeto.* 8. ed. Rio de Janeiro: Forense Universitária, 1999. p. 775.

Na verdade, o que a lei não deixa exatamente claro é como será delimitado o uso da competência do foro da capital e distrito federal. Como se sabe se a prevenção ou reparação do dano é local ou regional? Se pensar em um dano ambiental causado por uma empresa que deixou vazar resíduos em águas que abastecem mais de uma cidade, e que tais dejetos poluíram e prejudicaram o consumo dessas águas, num primeiro momento a competência do foro da capital seria a correta de acordo com a legislação. Porém, há de se analisar se a competência local não seria mais adequada para o desenvolvimento da lide. Para melhor esclarecer o assunto, leciona resumidamente e com explicação didática Hugo Nigro Mazzilli:

> a) tratando-se de danos efetivos ou potenciais a interesses transindividuais, que atinjam todo o País, a tutela coletiva será de competência de uma vara do Distrito Federal ou da capital de um dos Estados, a critério do autor. Se a hipótese se situar dentro dos moldes do art. 109, I, da CR, a competência será da Justiça Federal; em caso contrário, da Justiça estadual ou distrital. A ação civil pública ou coletiva poderá, pois, ser proposta, alternativamente, na capital de um dos Estados atingidos ou na capital do Distrito Federal;
>
> b) Em caso de ação civil pública destinada à tutela de interesses transindividuais que compreendam todo o Estado, mas não ultrapassem seus limites territoriais, a competência deverá ser, conforme o caso, de uma das varas da Justiça estadual ou federal da Capital desse Estado;
>
> c) Em caso de tutela coletiva que objetive a proteção a lesados em mais de uma comarca do mesmo Estado, mas sem que o dano alcance todo território estadual, o mais acertado é solucionar a hipótese com as regras de prevenção, em favor de uma das comarcas atingidas nesse Estado;
>
> d) Em caso de tutela coletiva que envolva lesões ocorridas em mais de um Estado da Federação, mas sem que o dano alcance todo o território nacional, a tutela coletiva será da competência de uma das varas estaduais ou federais da capital de um dos Estados envolvidos, conforme o caso, à escolha do colegitimado ativo. Mais sensato parece valermo-nos das regras de prevenção, ajuizando a ação na capital de um dos Estados atingidos, e deixando para ajuizá-la na Capital do Distrito Federal somente quando o dano tiver efetivamente o caráter nacional.[141]

---

(141) MAZZILI, Hugo Nigro. *A defesa dos interesses difusos em juízo:* meio ambiente, consumidor, patrimônio cultural, patrimônio público e outros interesses, p. 243.

Assim, verifica-se que o art. 93 do Código de Defesa do Consumidor comporta interpretação e aplicação em todas as demandas coletivas, inclusive na ação civil pública, pois o legislador deixa margem ao inserir o dispositivo de forma aberta e deslocado na seção que diz respeito aos interesses individuais homogêneos. Caso seja feita um leitura apressada da norma, pode-se pensar que não são as mesmas regras de competência que se aplicam aos direitos e interesses difusos e coletivos.

O mesmo autor ainda, em comentários ao art. 93 do CDC, esclarece em relação à ressalva da competência da Justiça Federal. Explica que não basta mero interesse da União, autarquias ou empresas públicas federais no sentido de deslocar a competência para o judiciário federal. É necessário interesse que os coloque como partes, assistentes ou opoentes no processo. A Constituição Federal impõe as regras de competência da Justiça Federal. Dessa forma, caberá à Justiça Estadual conhecer e julgar ações civis públicas em que sejam interessadas, em qualquer posição processual, sociedade de economia mista, sociedade anônima de capital aberto e outras sociedades comerciais, ainda que delas participe a união como acionista.[142]

Um exemplo de competência da Justiça Federal para processar e julgar ações coletivas, conforme determina o art. 109, I, da CF/88, é a propositura de ação civil pública pelo Ministério Público Federal.[143] E também no caso específico de ações de competência da Justiça do Trabalho, conforme previsão expressa no art. 114 da Carta Magna, matéria que será desenvolvida no próximo capítulo deste estudo.

Ao final, importante ainda esclarecer que, nos termos do art. 2º da LACP, a propositura da ação gera prevenção do Juízo para toda e qualquer outra demanda judicialmente proposta em data posterior, desde que possua mesma causa de pedir e mesmo objeto. Ressalte-se que, embora o critério cronológico seja o mesmo do CPC, o momento que se considera é o da propositura da ação e não, como diz o art. 219 do CPC, qual seja, o da citação válida.

## 2.5. Legitimidade ativa e passiva na ação civil pública

A legitimidade para propor qualquer ação judicial é requisito de formalidade do processo sem o qual poderá ser extinto antes de analisar o mérito

---

(142) Cf. MAZZILI, Hugo Nigro. *A defesa dos interesses difusos em juízo:* meio ambiente, consumidor, patrimônio cultural, patrimônio público e outros interesses, p. 248-9.
(143) BRASIL. Constituição. *Constituição da República Federativa do Brasil.* Brasília: Senado Federal, 1988. *Art. 109.* Aos juízes federais compete processar e julgar: I — as causas em que a União, entidade autárquica ou empresa pública federal forem interessadas na condição de autoras, rés, assistentes ou oponentes, exceto as de falência, as de acidentes de trabalho e as sujeitas à Justiça Eleitoral e à Justiça do Trabalho.

conforme dispõe o art. 485, IV e VI, do CPC[144]. Igualmente ao interesse processual e a possibilidade jurídica do pedido, a legitimidade ativa e passiva configura-se uma das condições sem a qual não é possível tramitar a ação no judiciário.[145] Da mesma forma, sendo um instrumento judicial processual, a ação civil pública tem previsão na legislção específica de seus legitimados, especialmente os ativos, para propositura de demandas pelo rito especial. No mesmo sentido, as regras de legitimidade da ação coletiva prevista no Código de Defesa do Consumidor.

A legitimidade para agir, de acordo com a teoria de Eurico Tulio Liebman:

> (...) é a pertinência subjetiva da ação, isto é, a identidade entre quem a propôs e aquele que, relativamente à lesão de um direito próprio (que afirma existente), poderá pretender para si o provimento da tutela jurisdicional pedido com referência àquele que foi chamado em juízo.[146]

Diz-se "A legitimidade *ad causam* pode ser ordinária ou extraordinária. Os legitimados ordinários são os próprios titulares dos interesses conflitantes, isto é, os sujeitos da lide. Atuam em nome e em defesa de si mesmos".[147] Em relação à legitimidade extraordinária, regra especialmente destinada aos direitos difusos e coletivos, ocorre quando em determinadas circunstâncias pessoas ou entes autorizados por lei[148], figuram no processo em nome próprio, porém na defesa de direito alheio.[149] A legitimidade extraordinária também se subdivide em *exclusiva* no caso de a lei reservar com exclusividade ao legitimado extraordinário atuar em juízo, e *concorrente*, quando houver autorização ao titular do direito e ao legitimado extraordinariamente.[150]

Já em relação aos direitos individuais homogêneos, aparece ainda, dentro das definições de legitimidade extraordinária, as regras de substituição processual, a qual se cita como exemplo a legitimidade do Ministério Público do

---

(144)   BRASIL, Lei n. 13.105, de 16 de março de 2015. Institui o Novo Código de Processo Civil. *Art. 485*. O juiz não resolverá o mérito quando: (...) *IV* — verificar a ausência de pressupostos de constituição e de desenvolvimento válido e regular do processo; (...) *VI* — verificar ausência de legitimidade ou de interesse processual.
(145)   Cf. LIEBMAN, Eurico Túlio. *Manual de direito processual civil*. Trad. Cândido Rangel Dinamarco. Rio de Janeiro: Forense, 1984. v. I.
(146)   *Ibidem*, p. 159.
(147)   LEITE, Carlos Henrique Bezerra. *Ação civil pública na perspectiva dos direitos humanos*, p. 197.
(148)   Regra prevista no *CPC, art.* 6ºNinguém poderá pleitear, em nome próprio, direito alheio, salvo quando autorizado por lei.
(149)   Cf. LEITE, Carlos Henrique Bezerra. *Ação civil pública na perspectiva dos direitos humanos*, p. 198.
(150)   Cf. MATTE, Maurício. Ação civil pública: tutela de interesses ou direitos difusos e coletivos *stricto sensu*. In: *Processos Coletivos*. Porto Alegre: HS, 2012. p. 117.

Trabalho para propor ação civil pública na defesa dos interesses individuais homogêneos dos trabalhadores.[151]

Verifica-se na legitimidade, de acordo com o breve esclarecimento acima, qualidade para estar em juízo atuando no processo, sendo demandante (legitimidade ativa) ou demandado (legitimidade passiva), em face da lide, como uma das condições da ação, teoria de Liebman que foi acolhida pelo Código de Processo Civil Brasileiro.[152]

Na doutrina há discussão acerca da natureza da legitimidade na ação civil pública, mesma divergência em relação à ação coletiva consumeira.[153] Fala-se, com muito fundamento, nas questões de legitimidade autônoma envolvendo a propositura de ação civil pública para postular direitos difusos e coletivos. Nesse caso, a legitimidade extraordinária somente se relaciona aos casos de substituição processual para postular direitos individuais homogêneos.[154] No mesmo sentido, define Maurício Matte:

> (...) há legitimação autônoma em ação civil pública relativa a interesses ou direitos difusos ou coletivos *stricto sensu;* há substituição processual nas ações coletivas relativas a direitos individuais homogêneos, porque aí sim há substituídos. A legitimidade autônoma a que nos referimos não é subespécie da extraordinária. Constitui *tertium genus*. Trata-se de legitimidade *ope legis*, isto é, decorrente da lei. É também concorrente, tendo em vista que o disposto no art. 5º da Lei n. 7.347/85 arrola outros legitimados, inexistindo a necessidade de anuência de um para que qualquer outro proponha a ação e, finalmente, é *disjuntiva*, pois a atuação pode ocorrer de forma isolada, não exigindo litisconsórcio, que, havendo, "é facultativo.[155]

Para os fins do presente estudo, até pela atenção especial que será dada ao direito e processo do trabalho no próximo capítulo, prefere-se adotar o conceito objetivo de Hugo Nigro Mazzilli, que, ao comentar sobre a legitimidade na ação civil pública e na ação coletiva, diz:

---

(151) BRASIL. *Lei Complementar n. 75, de 20 de maio de 1993*. Dispõe sobre a organização, as atribuições e o estatuto do Ministério Público da União. Arts. 83 e 84.
(152) Cf. MATTE, Maurício. Ação civil pública: tutela de interesses ou direitos difusos e coletivos *stricto sensu*. In: *Processos coletivos*. Porto Alegre: HS, 2012. p. 105-141. p. 116.
(153) Em comentário do Código de Processo Civil, Nelson Nery Júnior afirma haver legitimação autônoma e não substituição processual, escrevendo sobre as diferenças existentes (NERY JÚNIOR, Nelson; NERY, Rosa Maria de Andrade. *Código de processo civil comentado e legislação processual civil extravagante em vigor*. 6. ed. São Paulo: RT, 2002. p. 1339)
(154) *Ibidem*, p. 1339.
(155) Cf. MATTE, Maurício. Ação civil pública: tutela de interesses ou direitos difusos e coletivos *stricto sensu*. In: *Processos coletivos*. Porto Alegre: HS, 2012. p. 119.

Estas ações prestam-se basicamente à defesa de interesses transindividuais (difusos, coletivos e individuais homogêneos). Por meio delas, alguns legitimados substituem processualmente a coletividade de lesados (legitimidade extraordinária).[156]

De acordo com a previsão normativa do art. 5º da Lei n. 7.347/85, verificam-se os legitimados para propor ação civil pública, inclusive, se necessário, ação cautelar antes da principal. Diz a norma:

> Art. 5º Têm legitimidade para propor a ação principal e a ação cautelar:
>
> I — o Ministério Público;
>
> II — a Defensoria Pública;
>
> III — a União, os Estados, o Distrito Federal e os Municípios;
>
> IV — a autarquia, empresa pública, fundação ou sociedade de economia mista;
>
> V — a associação que, concomitantemente:
>
> > a) esteja constituída há pelo menos 1 (um) ano nos termos da lei civil;
> >
> > b) inclua, entre suas finalidades institucionais, a proteção ao patrimônio público e social, ao meio ambiente, ao consumidor, à ordem econômica, à livre concorrência, aos direitos de grupos raciais, étnicos ou religiosos ou ao patrimônio artístico, estético, histórico, turístico e paisagístico.

Em relação ao dispositivo acima transcrito, importante referir que, embora tenha previsão de requisitos para se confirmar a legitimidade das associações, o § 4º do mesmo artigo combinado com § 1º do art. 82 do Código de Defesa do Consumidor ponderam que o requisito da pré-constituição poderá ser dispensado pelo juiz, quando haja manifesto interesse social evidenciado pela dimensão ou característica do dano, ou pela relevância do bem jurídico a ser protegido.

Também o Código de Defesa do Consumidor acrescentou, no inciso III do art. 82, a legitimidade das entidades e órgãos da Administração Pública, direta

---

(156) MAZZILI, Hugo Nigro. *A defesa dos interesses difusos em juízo:* meio ambiente, consumidor, patrimônio cultural, patrimônio público e outros interesses, p. 57.

ou indireta, ainda que sem personalidade jurídica, especificamente destinados à defesa dos interesses e direitos protegidos pelo CDC.

Em relação aos legitimados, importa referir destaque especial ao Ministério Público, tendo em vista que sempre participará da ação civil pública, independentemente de atuação como parte, pois reza o § 1º do art. 5º da LACP combinado com art. 92 do CDC, que o Ministério Público, se não intervir no processo como parte, atuará obrigatoriamente como fiscal da lei (*custos legis*). No mesmo sentido o § 3º dispondo que em caso de desistência infundada ou abandono da ação por associação legitimada, o Ministério Público ou outro legitimado assumirá a titularidade ativa.

Outra situação que não será exaustivamente tratada neste estudo, porém há de se mencionar a título de informação, é o fato de que a legitimidade ativa da Defensoria Pública vem sendo muito contestada tendo em vista alegação de desvirtuamento de sua finalidade como órgão institucional para a defesa dos necessitados.[157] Um dos principais argumentos das Ações Diretas de Inconstitucionalidade propostas no Supremo Tribunal Federal é o fato de que nem sempre os titulares de interesses e direitos metaindividuais postulados por meio da ação civil pública serão necessitados economicamente para terem representação e/ou substituição processual da Defensoria Pública.

Por outro lado, há também que se considerar que o órgão atua de forma ampla em defesa dos necessitados, fato que gera interpretação de que há várias espécies de necessidades. Além da econômica, pode haver necessidade cultural, social, política, etc.

Já em relação à legitimidade passiva, o entendimento se firma no sentido de que qualquer pessoa, física ou jurídica, de direito público ou privado poderá atuar como ré ou corré.[158] Legitimado passivo para atuar na demanda é todo o "causador da lesão (...) ou aquele que tinha o dever jurídico de evitá-lá.[159] Em complemento, diz-se que as regras processuais atinentes ao litisconsórcio também se aplicam, seja o necessário ou facultativo nos termos do art. 47 do CPC.[160] Refere-se que a possibilidade de litisconsórcio na Lei da ação civil pública somente é expressa em relação aos legitimados ativos, tendo em vista o disposto no § 5º dizendo que se admitirá o litisconsórcio facultativo entre os Ministérios Públicos da União, do Distrito Federal e dos Estados na defesa dos interesses e direitos metaindividuais.

---

(157) Há duas Adins (ns. 3.943/2007 e 4.452/2010) pendentes de julgamento contestando a legitimidade da Defensoria Pública para propor Ação Civil Pública.
(158) Cf. LEITE, Carlos Henrique Bezerra. *Curso de direito processual do trabalho*. 10. ed. São Paulo: LTr, 2012. p 1368.
(159) FERRAZ, Antônio Augusto Mello de Camargo; MILARÉ, Édis; NERY JÚNIOR, Nelson. *Ação civil pública e a tutela jurisdicional dos interesses difusos*. São Paulo: Saraiva, 1984. p. 75.
(160) Cf. DINAMARCO, Pedro da Silva. *Ação civil pública*. São Paulo: Saraiva, 2001. p. 267.

Pela interpretação sistemática da norma, Hugo Nigro Mazzilli[161] e Pedro da Silva Dinamarco coadunam no sentido de que a parte ou substituto processual legitimado ativo não poderá, na mesma ação civil pública, representar como parte ou substituto processual no polo passivo da lide, ainda que em ambos haja defesa de interesses e direitos metaindividuais.[162]

No mesmo sentido, Hugo Nigro Mazzilli afirma a impossibilidade de o Ministério Público figurar no polo passivo da ação civil pública, tendo em vista não constituir personalidade jurídica, devendo atuar, em caso de ação indenizatória proposta, o próprio Estado, ente estatal.[163] Todavia, se a ação versar sobre imposição de condutas ao *parquet*, diga-se obrigações de fazer e não fazer, há possibilidade de figurar no polo passivo o Ministério Público.[164]

Após os breves esclarecimentos acerca da legitimidade *"ad causam"* e *ad processum* na ação civil pública, por derradeiro neste capítulo passa-se à análise da sentença proferida em tal ação e a coisa julgada envolvendo a defesa dos direitos metaindividuais.

## 2.6. Sentença e coisa julgada na ação civil pública

A sentença que, após o trânsito em julgado, forma coisa julgada no processo individual, nos termos do art. 506 do Novo CPC, caracteriza-se pelo fato de alcançar apenas as partes envolvidas na lide em que foi prolatada a decisão. Também pelo fato de atingir as partes tanto em benefício quanto contrária aos interesses da parte autora (*pro et contra*).[165] Em razão de poder veicular qualquer espécie de direitos metaindividuais, a sentença na ação civil pública pode ter natureza declaratória, condenatória, mandamental, constitutiva ou executiva.[166]

A sentença na ação civil pública poderá condenar o réu, caso vencido, nas custas, emolumentos, honorários periciais e quaisquer outras despesas, bem como em honorários advocatícios. Os autores, porém, não adiantam custas, emolumentos, honorários periciais ou quaisquer outras despesas, nem são condenados em honorários de advogado e periciais, custas e demais despesas

---

(161) Cf. MAZZILI, Hugo Nigro. *A defesa dos interesses difusos em juízo*: meio ambiente, consumidor, patrimônio cultural, patrimônio público e outros interesses, p. 298.
(162) Cf. DINAMARCO, Pedro da Silva. *Ação civil pública*. São Paulo: Saraiva, 2001. p. 268-9.
(163) Cf. MAZZILI, Hugo Nigro. *A defesa dos interesses difusos em juízo*: meio ambiente, consumidor, patrimônio cultural, patrimônio público e outros interesses, p. 299.
(164) Cf. DINAMARCO, Pedro da Silva. *Ação civil pública*. São Paulo: Saraiva, 2001. p. 268.
(165) Cf. DONIZETTI, Elpídio; CERQUEIRA, Marcelo Malheiros. *Curso de processo coletivo*, p. 15.
(166) Cf. MATTE, Maurício. Ação civil pública: tutela de interesses ou direitos difusos e coletivos *stricto Sensu*. In: *Processos coletivos*. Porto Alegre: HS, 2012. p. 105-141. p. 130.

processuais, salvo em caso de comprovada má-fé⁽¹⁶⁷⁾, inclusive o Ministério Público, conforme prevê art. 17 da LACP. Sobre sentença, ensina Teori Zavascki:

> A natureza da sentença proferida na ação civil pública é mais uma importante diferença a ser anotada em relação ao que ocorre nas ações coletivas para a tutela de direitos individuais homogêneos. Nas ações coletivas, (...), a sentença tem natureza peculiar, já que confere apenas tutela de conteúdo genérico, com juízo limitado ao âmbito da homogeneidade dos direitos objetivos da demanda, ficando a cargo de outra sentença a decisão a respeito das situações individuais e heterogêneas, relativas a cada titular lesado. Já em se tratando de ação civil pública, a sentença fará, desde logo, juízo amplo e específico, o mais completo possível, a respeito da controvérsia.⁽¹⁶⁸⁾

As ações coletivas brasileiras, não raras vezes buscam esclarecimento nos processos norte-americanos. A ação coletiva norte-americana (*class action*) é demanda proposta por uma pessoa (representante de um grupo ou categoria), não necessitando do conhecimento e até mesmo da autorização dos demais membros, com pedido individual em benefício do representante, e pedido coletivo em benefício do grupo.⁽¹⁶⁹⁾

No que diz respeito à coisa julgada, possui efeito *erga omnes*, independentemente do resultado, apenas admitindo-se discussão jurisprudencial acerca do questionamento sobre a representação adequada na propositura e desenvolvimento da ação no polo ativo e também da notificação adequada, uma vez que tal representação está inserida no princípio do devido processo legal. Há possibilidade de se excluir do grupo mediante requerimento após ser notificado da existência da *class action*. O legislador norte-americano, após anos de divergência sobre o assunto, decide aplicar no país a eficácia ampliativa da coisa julgada conferindo enorme grau de importância principalmente às ações indenizatórias.⁽¹⁷⁰⁾

No Brasil, há presunção legal de representação adequada, pois a lei determina que o julgamento só se estenderá aos integrantes da classe ausente se for favorável. Necessário referir observação de Eduardo Cândia em relação ao sistema norte-americano de que há quem entenda que mesmo neste regulamento de controle da representação adequada, para que se atenda ao devido processo legal, deve ser garantida a comunicação da ação coletiva ao integrante

---

(167)  Cf. TESHEINER, José Maria; MILHORANZA, Mariângela Guerreiro. *Temas de direito e processos coletivos*. Porto Alegre: HS, 2010. p. 46.
(168)  ZAVASCKI, Teori Albino. *Processo coletivo*: tutela de direitos coletivos e tutela coletiva de direitos, p. 79.
(169)  Cf. GIDI, Antônio. *A* class action *como instrumento de tutela coletiva dos direitos*, p. 271.
(170)  Cf. *Ibidem*, p. 279-81.

da classe, a oportunidade de se excluir, bem como de ser ouvido e participar do litígio, pessoalmente ou por meio de procurador. Inclusive, conforme aponta o doutrinador, há jurisprudência no sentido de que o indivíduo integrante do grupo que não se manifeste para ser excluído, questione a representação adequada para se desvincular da coisa julgada.[171]

A observação acima se dá pelo fato de que eventual controvérsia sobre o alcance da coisa julgada deverá ser objeto de ação posterior, a ser analisada por outro juízo diverso daquele que proferiu a sentença na ação coletiva. Conforme Antonio Gidi, "muito embora a eficácia *erga omnes* da coisa julgada seja da própria essência da ação coletiva, trata-se de questão que não pode ser decidida com definitividade no âmbito da própria ação coletiva".[172] O juízo da ação posterior (coletiva ou individual) pode decidir sobre eventual violação ao devido processo legal (representação e notificação (in)adequadas) na ação original, bem como pode configurar o grupo de forma diversa da *class definition* feita na ação original.[173]

Inexiste necessidade de ajuizamento de ação rescisória para a desconstituição de sentença coletiva, pois ela, em caso de inadequação da representação, simplesmente não faz coisa julgada. Portanto, denota-se que o controle de representação adequada feita nas ações coletivas no sistema norte-americano é uma garantia importante não somente durante o processo, mas também depois da sentença transitada em julgado.[174]

Após discorrer sobre o tema, Eduardo Cândia entende que o controle de representação adequada não pode ocorrer no Brasil por não haver previsão legal; a regra atual atende ao devido processo legal, sendo que admitir o controle não é garantia de melhor forma; no Brasil há microssistemas com representantes nominados na lei; a coisa julgada coletiva só pode beneficiar os integrantes do grupo, pois em caso de improcedência é permitido propor novamente a ação mediante apresentação de nova prova; é permitida a intervenção de outros indivíduos como assistentes do autor.[175]

Por outro lado, Antonio Gidi sustenta que a representação adequada se trata de regra fundamental, sem a qual o sistema processual civil coletivo não poderá funcionar adequadamente.[176] Aduz ser inexplicável que a tradicional norma do direito constitucional norte-americano não esteja presente no di-

---

(171) Cf. CÂNDIA, Eduardo. *Legitimidade ativa na ação civil pública*. Salvador: Juspodivm, 2013. p. 265.
(172) Cf. GIDI, Antonio. *A class action como instrumento de tutela coletiva dos direitos*, p. 273.
(173) *Ibidem*, p. 272-274.
(174) Cf. GIDI, Antônio. *Rumo a um código de processo civil coletivo*. 1. ed. 2. tir. Rio de Janeiro: GZ, 2008. p. 77.
(175) Cf. CÂNDIA, Eduardo. *Legitimidade ativa na ação civil pública*, p. 283-285.
(176) Cf. GIDI, Antônio. *Rumo a um código de processo civil coletivo*, p. 77.

reito brasileiro. Gidi defende que "o juiz brasileiro, não somente pode como deve realizar o controle da adequação do representante, independentemente de lei que o autorize, com fundamento da garantia constitucional do devido processo legal".[177]

No Brasil, inicialmente a Lei n. 7.347/85 dispõe em relação ao alcance da coisa julgada prevendo no art. 16 que sentença civil fará coisa julgada *erga omnes*, nos limites da competência territorial do órgão prolator, exceto se o pedido for julgado improcedente por insuficiência de provas, hipótese em que qualquer legitimado poderá intentar outra ação com idêntico fundamento, valendo-se de nova prova.[178]

Entretanto, por força do art. 21 que autoriza o uso da legislação de proteção ao consumidor, Lei n. 8.078/90, passa-se a adotar as disposições desta norma para regulamentar os limites objetivos e subjetivos da coisa julgada nos processos coletivos, entre estes, a ação coletiva e a ação civil pública.

O art. 103 do CDC é mais completo do que a norma antes referida, até pela atualização legislativa na evolução da sociedade. Afirma que:

> **Art. 103.** Nas ações coletivas de que trata este código, a sentença fará coisa julgada:
>
> I — *erga omnes*, exceto se o pedido for julgado improcedente por insuficiência de provas, hipótese em que qualquer legitimado poderá intentar outra ação, com idêntico fundamento valendo-se de nova prova, na hipótese do inciso I do parágrafo único do art. 81;
>
> II — *ultra partes*, mas limitadamente ao grupo, categoria ou classe, salvo improcedência por insuficiência de provas, nos termos do inciso anterior, quando se tratar da hipótese prevista no inciso II do parágrafo único do art. 81;

---

(177) GIDI, Antônio. *Rumo a um código de processo civil coletivo*. p. 81
(178) A redação anterior dispunha: *Art. 16*. A sentença civil fará coisa julgada *erga omnes*, exceto se a ação for julgada improcedente por deficiência de provas, hipótese em que qualquer legitimado poderá intentar outra ação com idêntico fundamento, valendo-se de nova prova. A redação atual do dispositivo difere da originária, pois resulta de alteração introduzida pelo art. 2º da Lei n. 9.494/97. Essa alteração não foi originária do congresso nacional nem de regular projeto de Lei no Poder Executivo. A norma provem em conversão da Medida Provisória n. 1.570/97, que alterou um sistema que já vigia desde 1985 (LACP art. 16) ou ao menos desde 1990 (CDC, art. 103), e, portanto, desatendia claramente o pressuposto constitucional da urgência, em matéria que deveria ser afeta ao processo legislativo originário e não à excepcionalidade da medida provisória (CR, art. 62, na sua redação anterior à EC n. 32/01). MAZZILI, Hugo Nigro. *A defesa dos interesses difusos em juízo:* meio ambiente, consumidor, patrimônio cultural, patrimônio público e outros interesses. 16. ed. São Paulo: Saraiva, 2003. p. 420.

III — *erga omnes*, apenas no caso de procedência do pedido, para beneficiar todas as vítimas e seus sucessores, na hipótese do inciso III do parágrafo único do art. 81.

§ 1º Os efeitos da coisa julgada previstos nos incisos I e II não prejudicarão interesses e direitos individuais dos integrantes da coletividade, do grupo, categoria ou classe.

§ 2º Na hipótese prevista no inciso III, em caso de improcedência do pedido, os interessados que não tiverem intervindo no processo como litisconsortes poderão propor ação de indenização a título individual.

§ 3º Os efeitos da coisa julgada de que cuida o art. 16, combinado com o art. 13 da Lei n. 7.347, de 24 de julho de 1985, não prejudicarão as ações de indenização por danos pessoalmente sofridos, propostas individualmente ou na forma prevista neste código, mas, se procedente o pedido, beneficiarão as vítimas e seus sucessores, que poderão proceder à liquidação e à execução, nos termos dos arts. 96 a 99.

§ 4º Aplica-se o disposto no parágrafo anterior à sentença penal condenatória.[179]

Verifica-se, pelo dispositivo acima transcrito, que a decisão, após transitada em julgado, atingirá todas as pessoas possíveis de serem titulares do direito difuso, coletivo ou individual homogêneo que está sendo postulado na ação civil pública, ou seja, a sociedade em massa. A vinculação da coletividade à decisão parece ser natural, tendo em vista a legitimidade extraordinária e/ou substituição processual do legitimado conforme os conceitos verificados no tópico anterior.

Para explicar a diferença em relação ao art. 472 do Código de Processo Civil de 1973 e atual art. 506 do Novo CPC, que trata do processo individual, refere Elpídio Donizetti e Marcelo Cerqueira apontam:

> De outro lado, o inciso III e o § 3º do art. 103 do CDC admitem, respectivamente, a "extensão" e o "transporte" *secundum eventum litis e in utilibus* da coisa julgada no plano coletivo para o individual, institutos bastante peculiares em relação ao sistema tradicional.

Nos termos do art. 103, III, do CDC, a coisa julgada formada em ação coletiva, versando sobre direitos individuais homogêneos, atingirá, para be-

---

(179) BRASIL. Lei n. 8.078, de 11 de setembro de 1.990. Dispõe sobre a proteção do consumidor e dá outras providências.

neficiar (*in utilibus*), todas as vítimas e seus sucessores. Trata-se da sistemática de "extensão" subjetiva da coisa julgada coletiva conforme o resultado da lide (*secundum eventum litis*); fala-se em "extensão" subjetiva porque o resultado no plano coletivo (para o grupo de indivíduos homogeneamente considerado) é estendido para o individual (isto é, para a vítima e seus sucessores).

Já pela figura do "transporte", prescrita no art. 103, § 3º, do CDC, permite-se que, também conforme o resultado da lide (*secundum eventum litis*) e para beneficiar (*in utilibus*), seja transportada a coisa julgada formada em relação a direitos transindividuais a terceiros (indivíduos) que não participaram — nem poderiam participar, ao menos para discutir sua pretensão individual — do processo coletivo. (...) Ocorre ampliação pela lei (*ope legis*), do objeto do processo coletivo versando sobre direito transindividual, de maneira a se incluir o julgamento implícito sobre o dever de indenizar genericamente o grupo de indivíduos, autorizando-se a liquidação e execução da sentença coletiva por cada indivíduo isoladamente.[180][181]

No Brasil, costuma-se afirmar que a coisa julgada nas ações coletivas regidas pelo CDC é *secundum eventum litis*. Conforme Antonio Gidi, a coisa julgada nas ações coletivas do direito brasileiro não é *secundum eventum litis*. Isso porque

> [...] a coisa julgada sempre se formará, independentemente de o resultado da demanda ser pela procedência ou pela improcedência. A coisa julgada nas ações coletivas se forma *pro et contra*. O que diferirá, de acordo com o "evento da lide", não é a formação ou não da coisa julgada, mas o rol de pessoas por ela atingidas. Enfim, o que é *secundum eventum litis* não é a *formação* da coisa julgada, mas a sua *extensão* "*erga omnes*" ou "*ultra partes*" à esfera jurídica individual de terceiros prejudicados pela conduta considerada ilícita na ação coletiva (é o que se chama extensão *in utilibus* da coisa julgada).[182]

Em relação à extensão da coisa julgada, no tocante à defesa coletiva dos direitos transindividuais (difusos e coletivos), distinguem-se três hipóteses referentes à extensão da coisa julgada.

---

(180) DONIZETTI, Elpídio; CERQUEIRA, Marcelo Malheiros. *Curso de processo coletivo*, p. 16.
(181) Os autores ainda fazem observação em relação às expressões em latim esclarecendo que: "...de um modo geral, cultua excessivamente expressões em latim — ou em inglês — ao se referir aos institutos de processo coletivo. Desse modo, em lugar de 'conforme o resultado da lide', fala-se em *secundum eventum litis*; em vez de 'conforme a prova produzida', diz-se *secundum eventum probationes*; e assim por diante. Acreditamos que tais estrangeirismos dificultam ainda mais o assunto — que já é complexo por si só" (DONIZETTI, Elpídio; CERQUEIRA, Marcelo Malheiros. *Curso de processo coletivo*. São Paulo: Atlas, 2010. p. 16).
(182) GIDI, Antonio. *Coisa julgada e litispendência em ações coletivas*. São Paulo: Saraiva, 1995. p. 73.

A primeira, em caso de improcedência após instrução suficiente, a sentença coletiva fará coisa julgada *ultra partes* para atingir a comunidade ou a coletividade titular do direito transindividual (difuso ou coletivo) e impedir que qualquer legitimado do art. 82 reproponha a mesma ação coletiva.

No entanto, como os direitos individuais dos integrantes da comunidade ou da coletividade não podem ser prejudicados pelos efeitos da coisa julgada formada em ação coletiva (§ 1º do art. 103 do CDC), o titular do direito lesado pode ir a juízo, por meio de ação individual, solitariamente ou em litisconsórcio, para deduzir a sua pretensão ressarcitória individualmente. Porém o seu pedido já não poderá ser formulado para a tutela de direito transindividual e indivisivelmente considerado, pois este já está definitivamente (salvo ação rescisória) acobertado pelo manto da coisa julgada coletiva.[183]

A segunda hipótese, em caso de improcedência após instrução insuficiente (por falta de prova), a sentença coletiva não fará coisa julgada material e qualquer legitimado do art. 82 do CDC poderá repropor a mesma ação, desde que apresente em juízo um novo material probatório.

Para a possibilidade da repropositura da demanda, Gidi afirma ser desnecessária a manifestação expressa do juiz a respeito da insuficiência de provas, devendo ser adotado critério substancial para saber se a improcedência foi ocasionada por insuficiência de provas ou não. "Assim, sempre que qualquer legitimado propuser a mesma ação coletiva com novo material probatório, demonstrará, *ipso facto*, que a ação coletiva anterior havia sido julgada por instrução insuficiente."[184]

Portanto, sempre que houver discordância sobre questão de fato, em tese seria possível repropor a demanda com prova mais convincente.[185] Não obstante, é indispensável que haja a apresentação da nova prova que, ao menos potencialmente, possa ensejar a possibilidade de uma decisão diversa. Todavia, não é indispensável que a nova prova seja suficiente, por si só, para conduzir à procedência do pedido, pois deverá ser considerada em conjunto com a prova anteriormente produzida, o que evidencia que o conceito de "prova nova" não

---

(183) Cf. GIDI, Antonio. *Coisa julgada e litispendência em ações coletivas*, p. 116-117.
(184) *Ibidem*, p. 134.
(185) Elaine Harzheim Macedo ensina que "o condicionamento de produzir prova nova para poder intentar nova ação em absoluto se justifica pelo instituto da coisa julgada — até porque esse está sendo, pelo dispositivo em comento, excepcionado —, mas pelo princípio geral de direito do *non bis in idem* (ou *ne bis idem*, como às vezes vem referido)". MACEDO, Elaine Harzheim. Sentenças coletivas: coisa julgada e o princípio do *non bis in idem*. In: ASSIS, Araken de; MOLINARO, Carlos Alberto; MILHORANZA, Mariângela Guerreiro (coords.). *Processo coletivo e outros temas de direito processual*: homenagem 50 anos de docência do professor José Maria Rosa Tesheiner, 30 anos de docência do professor Sérgio Gilberto Porto. Porto Alegre: Livraria do Advogado, 2012. p. 211.

é tão restritivo quanto o de "documento novo" que autoriza a propositura de ação rescisória pelo art. 485, VII, do Novo CPC.[186][187]

Por fim, procedente do pedido, a sentença coletiva fará coisa julgada *erga omnes* ou *ultra partes* para tutelar o bem coletivo, atingindo a comunidade ou a coletividade titular do direito transindividual, e atingindo, para beneficiar, também a esfera individual de todos os componentes da comunidade ou da coletividade que sejam titulares do correspondente direito individual homogêneo.[188]

Verifica-se, então, ser apenas nessa última hipótese, de procedência do pedido, que ocorre a extensão subjetiva *erga omnes* ou *ultra partes* e *secundum eventum litis* da coisa julgada para beneficiar (*in utilibus*) a esfera jurídica individual dos consumidores interessados. No entanto, também na primeira hipótese, de improcedência, a coisa julgada se opera *ultra partes* para atingir a comunidade ou a coletividade a qual é titular do direito transindividual ou individual homogêneo em litígio.[189]

Já a defesa coletiva dos direitos individuais homogêneos é chamada de "*class action* brasileira". Considerando se tratar de uma ação civil coletiva cujo objetivo é apurar a responsabilidade civil por danos individualmente sofridos, decorrentes de origem comum (CDC, art. 81, III, c/c art. 91), verifica-se a nítida influência do direito norte-americano e a semelhança com uma das categorias mais polêmicas das *class action*: a *damage class action*, também conhecida como *commom question class action*.[190]

A extensão da coisa julgada brasileira em muito se diferencia do sistema norte-americano. Se o pedido for julgado procedente (*in utilibus*), dá-se a extensão *erga omnes* da imutabilidade do comando da sentença (art. 103, III, do CDC); se o pedido for julgado improcedente, tal decisão não prejudica a esfera individual de nenhum interessado que não tenha composto a lide como litisconsorte nos termos do art. 94 do CDC.[191] Nesse último caso, cada interessado poderá propor a sua ação individual (isoladamente ou em litisconsórcio). Por outro lado, aqueles interessados que intervieram, aceitando a

---

(186) Cf. GIDI, Antonio. *Coisa julgada e litispendência em ações coletivas*, p. 134-136.
(187) Dispositivo correspondente no novo Código de Processo Civil Lei n. 13.105/2015: *Art. 966. A decisão de mérito, transitada em julgado, pode ser rescindida quando: (...) VII* — obtiver o autor, posteriormente ao trânsito em julgado, prova nova cuja existência ignorava ou de que não pôde fazer uso, capaz, por si só, de lhe assegurar pronunciamento favorável;
(188) Cf. GIDI, Antonio. *Coisa julgada e litispendência em ações coletivas*, p. 73-74.
(189) *Ibidem*, p. 74.
(190) *Ibidem*, p. 138.
(191) Art. 94. Proposta a ação, será publicado edital no órgão oficial, a fim de que os interessados possam intervir no processo como litisconsortes, sem prejuízo de ampla divulgação pelos meios de comunicação social por parte dos órgãos de defesa do consumidor.

convocação do edital a que se refere o art. 94 do CDC, são atingidos pela coisa julgada *inter partes*. Além disso, é atingida pela coisa julgada *ultra partes* toda a comunidade de vítimas titular dos direitos individuais homogêneos, já que a pretensão coletiva dos seus direitos individuais não pode mais ser levada a juízo. Mostra-se irrelevante, nesse caso, se o julgamento de improcedência se dá por suficiência ou insuficiência de provas.[192]

Portanto, assim como na ação coletiva em defesa de direitos transindividuais, a coisa julgada na ação coletiva em defesa de direitos individuais homogêneos se forma *pro et contra*, e não *secundum eventum litis*. O que é *secundum eventum litis* é a extensão *in utilibus* da coisa julgada para a esfera individual das vítimas do evento.[193]

No que diz respeito aos direitos difusos e coletivos *stricto sensu*, relevante também é mencionar que em relação à coisa julgada coletiva, para que seja formada, dependerá da suficiência de provas produzidas na instrução processual sendo o pedido julgado improcedente conforme art. 103, I e II, do CDC. Pois conforme a prova produzida (*secundum eventum probationes*), a coisa julgada se formará ou não em relação à sentença que julgou improcedente o pedido. Assim, caso o pedido seja julgado improcedente, somente produzirá efeitos de imutabilidade e indiscutibilidade no mérito, se as provas produzidas foram suficientes para gerar a certeza do juízo que prolatou a decisão. Nesse sentido:

> Nos termos do art. 103 do CDC, haverá coisa julgada *erga omnes*, no caso de interesses ou direitos difusos (inciso I), exceto se o pedido for julgado improcedente por insuficiência de provas; haverá coisa julgada *ultra partes*, mas limitadamente ao grupo, categoria ou classe, nos casos de interesses ou direitos coletivos *stricto sensu*, com a mesma ressalva da hipótese de insuficiência de provas. Em ambos os casos, qualquer legitimado poderá intentar novamente a ação, valendo-se de nova prova.[194]

Nota-se que o dispositivo do CDC ressalva os direitos individuais dos membros pertencentes à mesma categoria que pode ser atingida pelos efeitos da coisa julgada, pois o § 1º afirma que tais efeitos não podem prejudicá-los. Em complemento, o art. 104 do CDC dispõe que os efeitos da coisa julgada beneficiarão os autores de demandas individuais que requererem suspensão de seus processos, no prazo de 30 dias, contatos da ciência nos autos do ajuizamento da ação coletiva.

---

(192) Cf. GIDI, Antonio. *Coisa julgada e litispendência em ações coletivas*, p. 139-140.
(193) *Ibidem*, p. 140.
(194) MATTE, Maurício. Ação civil pública: tutela de interesses ou direitos difusos e coletivos *stricto sensu*. In: *Processos coletivos*. Porto Alegre: HS, 2012. p. 132.

Ainda em relação aos efeitos da coisa julgada, a regra prevista no § 4º do art. 103 do Código de Defesa do Consumidor garante ainda a possibilidade de propor ações individuais relacionadas ao pedido da ação coletiva, porém com pedidos indenizatórios relativos a danos pessoais individualmente sofridos, aplicando-se a mesma regra também à sentença penal condenatória devido à previsão do § 4º do art. 103 do CDC. Se procedente o pedido, beneficiará vítimas e seus sucessores, que poderão proceder à liquidação e execução conforme previsão dos arts. 97 ao 99 do CDC.[195]

Insta referir que há críticas na doutrina em relação à limitação territorial de validade da sentença prevista no art. 16 da LACP. Há análise no sentido de que o legislador confunde limites da coisa julgada, que seria o efeito de imutabilidade da sentença e limites subjetivos de pessoas atingidas por tal efeito, com a competência territorial.[196] Também há afirmações no sentido de inconstitucionalidade da referida norma restritiva pelo fato de que a jurisdição é una e indivisível, e as decisões proferidas por qualquer órgão judicial são válidas em todo território nacional.[197]

Após realizadas as considerações em relação à ação civil pública de forma ampla, com ênfase de aplicação no direito processual comum, passa-se no derradeiro capítulo desta pesquisa, a fazer referências em relação à aplicação do mesmo instrumento processual, porém na jurisdição trabalhista em busca da melhor forma de aplicação dos direitos fundamentais sociais sob a perspectiva da duração razoável do processo.

---

(195)  Art. 97. A liquidação e a execução de sentença poderão ser promovidas pela vítima e seus sucessores, assim como pelos legitimados de que trata o art. 82.
Art. 98. A execução poderá ser coletiva, sendo promovida pelos legitimados de que trata o art. 82, abrangendo as vítimas cujas indenizações já tiveram sido fixadas em sentença de liquidação, sem prejuízo do ajuizamento de outras execuções.
§ 1º A execução coletiva far-se-á com base em certidão das sentenças de liquidação, da qual deverá constar a ocorrência ou não do trânsito em julgado.
§ 2º É competente para a execução o juízo:
I — da liquidação da sentença ou da ação condenatória, no caso de execução individual;
II — da ação condenatória, quando coletiva a execução.
Art. 99. Em caso de concurso de créditos decorrentes de condenação prevista na Lei n. 7.347, de 24 de julho de 1985 e de indenizações pelos prejuízos individuais resultantes do mesmo evento danoso, estas terão preferência no pagamento.
Parágrafo único. Para efeito do disposto neste artigo, a destinação da importância recolhida ao fundo criado pela Lei n. 7.347, de 24 de julho de 1985, ficará sustada enquanto pendentes de decisão de segundo grau as ações de indenização pelos danos individuais, salvo na hipótese de o patrimônio do devedor ser manifestamente suficiente para responder pela integralidade das dívidas.
(196)  Cf. MAZZILI, Hugo Nigro. A defesa dos interesses difusos em juízo: meio ambiente, consumidor, patrimônio cultural, patrimônio público e outros interesses, p. 420.
(197)  Cf. WAMBIER, Teresa Arruda Alvim. Litispendência em ações coletivas. Revista AJURIS, n. 106, p. 297, jun. 2007.

# Capítulo 3

## *A Ação Civil Pública no Processo do Trabalho Brasileiro: Tendência de Jurisdição na Sociedade Contemporânea*

**3. *A ação civil pública no processo do trabalho brasileiro: tendência de jurisdição na sociedade contemporânea***

O contexto atual das relações entre empregados e empregadores permite identificar que a legislação trabalhista vive momento de flexibilização de normas em busca do aperfeiçoamento das regras que amparam essa modalidade contratual. A título exemplificativo, apenas para citar brevemente algumas das últimas normas aprovadas: em 2008 a Lei n. 11.788 regulamentando a atividade do estágio; em 2011 a Lei n. 12.506 especificando as regras do aviso prévio proporcional após 23 anos de constituição, Súmula n. 444 do TST reconhecendo a validade da jornada de trabalho 12 x 36 mediante acordo ou convenção coletiva, e recentemente a Emenda Constitucional n. 72/2013, ampliando os direitos dos trabalhadores domésticos.

Com tantas normas de aperfeiçoamento e alterações dos direitos trabalhistas, mister também o aperfeiçoamento dos meios processuais, direito subjetivo que permite a aplicação pela via judicial do direito material, especialmente em relação aos trabalhadores brasileiros. Nesse sentido, o § 1º do art. 5º da Constituição Federal, e mais recentemente introduzido pela Emenda Constitucional n. 45/2004, o inciso LXXVIII do mesmo dispositivo, normas que reforçam a importância da ação civil pública aplicada na perspectiva dos direitos humanos, instituto processual que juntamente com a Constituição federal de 1988, Código de Defesa do Consumidor e Lei Orgânica do Ministério Público, integra o moderno sistema coletivo de acesso à justiça, mencionado no item 04 do primeiro capítulo do presente estudo.

Insta referir estudo realizado por Juarez Freitas sobre a interpretação sistemática do direito em crítica à teoria de Robert Alexy. Segundo o autor, verifica-se que não há possibilidade de uma vinculação absoluta com a norma positivada expressa, e tampouco da aplicação discricionária do direito ao ponto de desconsiderar-se totalmente a lei escrita. Prosseguindo, ressalta na perspectiva do tópico-sistemática que a solução dos conflitos normativos sempre se resolverá em questão de peso ou de hierarquia, inclusive no campo das regras.[198]

Corroborando tal entendimento, palavras de Carlos H. Bezerra Leite:

> O chamado movimento universal de "acesso à justiça", pode ser objeto de pesquisa nos diversos compartimentos das ciências sociais, mas é na ciência do direito e no direito positivo de muitos países que ele assume um novo enfoque teórico, com o qual se repudia o formalismo jurídico — enquanto sistema que identifica o direito sob a perspectiva exclusivamente normativa — e se preconiza a inserção de outros componentes reais, como os sujeitos, as instituições e os processos, tudo em sintonia com a realidade e o contexto social.[199]

No mesmo sentido, reforçando a ideia de atuação do Ministério Público do Trabalho pela mesma via processual na concretização dos direitos e garantias fundamentais do trabalhador, Rodrigo Galia e Luis Leandro Ramos afirmam sobre o instituto processual "[...] que a ação civil pública, em virtude de tutelar também direitos fundamentais, constitui-se de efetiva garantia fundamental repressiva, nas defesas dos direitos difusos e coletivos violados [...]".[200]

Na Justiça do Trabalho, a ação civil pública também é conhecida como procedimento especial destinado à defesa de interesses metaindividuais pos-

---

(198) Cf. FREITAS, Juarez. *A interpretação sistemática do direito*. 5. ed. São Paulo: Malheiros, 2005. p. 35 e 47.
(199) LEITE, Carlos Henrique Bezerra. *Ação civil pública na perspectiva dos direitos humanos*, p. 79.
(200) RAMOS, Luis Leandro Gomes; GALIA, Rodrigo Wasem. *Assédio moral no trabalho — o abuso no poder diretivo do empregador e a responsabilidade civil pelos danos causados ao empregado — atuação do ministério público do trabalho*. 2. ed. rev. e ampl. Porto Alegre: Livraria do Advogado, 2013. p. 193.

sibilitando com mais facilidade o acesso coletivo ao judiciário pelos trabalhadores, haja vista sua legislação própria (Lei n. 7.347/85), e pela Carta Magna conforme art. 129, III.[201] Na esfera de representação, também é importante lembrar que há a figura de substitutos processuais quando da representação por sindicatos em dissídios coletivos, respeitando-se a hipótese de liberdade sindical[202] conferida pela Carta Magna.

No que diz respeito aos dissídios coletivos, também é relevante apontar sua diferença em relação aos direitos postulados pela ação civil pública, pois, conforme aponta Eduardo Adamovich, os primeiros postulam direitos coletivos disponíveis das categorias profissionais almejando uma sentença declaratória ou constitutiva, quando desnecessário a produção de provas em matéria de fato. Já quando tratar a demanda da busca de tutela mandamental, condenatória e executiva, de direitos metaindividuais, disponíveis ou não, os ritos da ação civil pública e da ação coletiva prevista no Código de Defesa do Consumidor, são os adequados.[203] Portanto a diferença deve ser observada de acordo com as cargas de eficácia sentença almejada.

No mesmo sentido Carlos Henrique Bezerra Leite ao contextualizar os dois meios processuais, explica que os dissídios coletivos não têm a finalidade de responsabilizar o agente causador de dano a interesses difusos, coletivos e individuais homogêneos, pois a sentença normativa não possui carga de eficácia condenatória; não alcança direitos individuais homogêneos, e seu ajuizamento está condicionado à prévia negociação coletiva e a sentença normativa produz efeito de coisa julgada *ultra partes,* mas limitada à categoria representada pelo sindicato na demanda.[204]

Importante mencionar ainda, em relação à Constituição Federal, que o art. 128, I[205], não faz nenhuma distinção entre os ramos do Ministério Público legitimados a promover a ação civil pública, e por isso já se entendia que havia permissão para seu uso na Justiça do Trabalho.

---

(201) Art. 129. São funções institucionais do Ministério Público: (...) III — promover o inquérito civil e a ação civil pública, para a proteção do patrimônio público e social, do meio ambiente e de outros interesses difusos e coletivos.

(202) Em relação ao direito do trabalho, uma das questões que sempre estão em voga é a liberdade sindical e seus limites. Neste sentido imperioso conferir STÜRMER, Gilberto. *A liberdade sindical na Constituição da República Federativa do Brasil de 1988 e sua relação com a Convenção n. 87 da Organização Internacional do Trabalho.* Porto Alegre: Livraria do Advogado, 2007.

(203) Cf. VON ADAMOVICH, Eduardo Henrique Raymundo. *Sistema da ação civil pública no processo do trabalho,* p 182.

(204) Cf. LEITE, Carlos Henrique Bezerra. *Ministério público do trabalho* — doutrina, jurisprudência e prática. 5. ed. São Paulo: LTr, 2011. p. 183.

(205) Art. 128. O Ministério Público abrange: I — o Ministério Público da União, que compreende: (...) b) o Ministério Público do Trabalho.

Ocorre que tais dispositivos tiveram pouca expressão, sendo que somente em 20 de maio de 1993, quando entrou em vigor a Lei Complementar n. 75, conhecida como Lei Orgânica do Ministério Público (LOMPU), é que a doutrina e jurisprudência relativas ao direito do trabalho, por meio do art. 83, III,[206] passaram a admitir a ação civil pública trabalhista, e ainda assim com discussão sobre algumas possíveis restrições como se verá no desenvolvimento do assunto.

Para conceituar ação civil pública na esfera do processo laboral, novamente prefere-se adotar as palavras de Carlos Henrique Bezerra Leite, pois leva em conta um novo perfil constitucional e destinação precípua de proteger quaisquer interesses coletivos *lato sensu*. Assim, conceitua o jurista:

> [...] ação civil pública é o meio (a), constitucionalmente assegurado (b) ao Ministério Público, ao Estado ou a outros entes coletivos autorizados por lei (c), para promover a defesa judicial (d) dos interesses ou direitos metaindividuais (e).[207]

Seguindo o texto legal, a Lei Orgânica do Ministério Público prevê competência da Justiça do Trabalho para processar e julgar ação civil pública quando tratar de defesa de interesses coletivos na hipótese de serem desrespeitados os direitos sociais constitucionalmente assegurados, regra confirmada pelo art. 114 da Constituição Federal.

Na prática forense, alguns questionamentos, segundo Carlos Henrique Bezerra Leite, devem ser feitos sobre o cabimento da ação civil pública no âmbito da justiça laboral: 1º É cabível ação civil pública na justiça do trabalho para defesa de interesses difusos? 2º E dos individuais homogêneos? 3º A ação civil pública trabalhista é diversa da prevista na Lei n. 7.347/85?[208] 4º Se aplicada ao processo judicial do trabalho atende às determinações do art. 5º, LXXVIII e § 1º da Constituição Federal de 1988?

Se for analisada a doutrina e jurisprudência da mesma forma que vem sendo aplicada no processo civil, a resposta para as duas primeiras indagações é positiva. Entende-se que a única observação a ser feita é de que parte da doutrina diverge quando se trata de direitos difusos porque a LC n. 75/93 em seu art. 83, III, prevê expressamente a defesa de direitos coletivos. No entanto,

---

(206) Art. 83. Compete ao Ministério Público do Trabalho o exercício das seguintes atribuições junto aos órgãos da Justiça do Trabalho: (...) III — Promover a Ação Civil Pública no âmbito da Justiça do Trabalho, para a defesa de interesses coletivos, quando desrespeitados os direitos sociais constitucionalmente garantidos.
(207) LEITE, Carlos Henrique Bezerra. *Curso de direito processual do trabalho*, p. 1358-9. Conceito explicado com detalhes no Capítulo 2, p. 59 deste livro.
(208) *Ibidem*, p. 1360.

para evitar uma *capitis diminutio* do *parquet*, tendo em vista que a norma hierarquicamente superior (Constituição Federal) já prevê no art. 127 a possibilidade, diz-se que há uma atecnia na LOMPU, que deve ser superada, muito embora ainda leve a discussões jurídicas o assunto.

Em relação aos direitos individuais homogêneos, há divergência maior entre os estudiosos, especialmente no que diz respeito à indisponibilidade ou não dos mesmos, restando o questionamento se as leis infraconstitucionais derivadas de determinação da própria constituição, como no caso do aviso prévio, por exemplo, também se enquadram como garantias indisponíveis, haja vista que o texto constitucional determina a edição de lei especial complementando o instituto.

Verifica-se que há forte tendência de uso da ação civil pública para postular no âmbito da Justiça do Trabalho tais direitos diante do uso da teoria ampliativa a qual prevê, aplicação conjunta e interpretativa de forma ampliada, dos arts. 127 *caput* e 129, III e IX da CF/88, 83, III, 84 *caput* e 6º, VII "d" da LC n. 75/93, arts. 5º, *caput* e 21 da Lei n. 7.347/85, e arts. 81, parágrafo único, III, 82, I, 91 e 92 da Lei n. 8.078/90.

Em relação ao terceiro questionamento, verifica-se que havia na década de 1990 certa resistência no Tribunal Superior do Trabalho, que acabou relacionando a ação civil pública trabalhista com os dissídios coletivos[209] e individuais, pois não visaria o estabelecimento de novas normas e condições de trabalho, apenas a aplicação de um direito objetivo já existente de conteúdo trabalhista. Daí a divergência na doutrina questionando se poderia se utilizar deste meio processual para postular direitos individuais homogêneos disponíveis e indisponíveis.

Em voto na Ação Civil Pública 92.687/93.1, o Ministro Relator João Oreste Dalezen faz a seguinte comparação:

> Ora, é insofismável que o escopo da ação civil pública não é a criação de novas normas jurídicas, mas a observância das que já existem, presumivelmente descumpridas. Logo, por mais irônico e paradoxal que se mostre, a ação civil pública "*trabalhista*" assemelha-se mais a um **dissídio individual plúrimo** que a um dissídio coletivo.[210]

---

(209) Demandas propostas com a finalidade de revisar aplicação de cláusulas contratuais decorrentes de Acordos e Convenções Coletivas de Trabalho.
(210) TRIBUNAL SUPERIOR DO TRABALHO. *Jurisprudência*. Disponível em: <http://aplicacao5.tst.jus.br/consultaunificada2/inteiroTeor.do?action=printInteiroTeor&format=html&highlight=true&numeroFormatado=ACP%20-%2092867 26.1993.5.55.5555&base=acordao&rowid=AAANGhAAFAAAiN3AAB&dataPublicacao=22/11/2002>. Acesso em: 20.9.2012.

Carlos Henrique Bezerra Leite discorda do posicionamento acima, considerando que a legislação trabalhista está inserida em um sistema integrado[211] (CF, LOMPO, LACP e CDC), de acesso coletivo dos trabalhadores à Justiça do Trabalho como garantia fundamental dos direitos e interesses metaindividuais. Converge no mesmo sentido Eduardo Adamovich.[212] Vale ressaltar que se está diante de um paradigma constitucional processual, pois o judiciário deve oferecer de forma ampla as possibilidades de acesso na busca dos direitos pleiteados, inclusive pelos trabalhadores.[213]

Amauri Mascaro Nascimento, em uma posição mais conservadora e legalista, aponta para os problemas que podem surgir em função de que na Justiça do Trabalho já há possibilidade de demandas judiciais por meio de dissídios coletivos, sendo estes os que deveriam tratar dos direitos em grupos delimitados. Nesse sentido, faz referência a que a ação civil pública na Justiça do Trabalho não é tão abrangente como na justiça comum. Seguem abaixo as palavras do autor, as quais vão de encontro aos doutrinadores pesquisados acima:

> Aponte-se, no entanto, uma questão relevante sobre a ação civil pública no âmbito da Justiça do Trabalho, que não é o mesmo da ação civil pública perante a justiça comum, tendo em vista as especificações da lei, nesta com maior amplitude em razão da matéria, naquela restrita às hipóteses autorizantes para tal fim.

Com efeito, a dimensão da ação civil pública na Justiça do Trabalho não é a mesma, tendo em vista o texto legal básico em que se funda o poder da Procuradoria do Trabalho para agir, por essa via, em juízo na Justiça Trabalhista.

Nem toda matéria dessa área comporta ação civil pública, mas apenas aquelas que têm natureza de interesses coletivos quando infringidos direitos sociais constitucionais.[214]

---

(211) Sistema nominado pelo doutrinador de *Jurisdição Trabalhista Metaindividual* — trazendo por vocação, basicamente, a tutela preventiva e reparatória dos direitos ou interesses metaindividuais, que são os interesses difusos, coletivos *stricto sensu* e individuais homogêneos. LEITE, Carlos Henrique Bezerra. *Ação civil pública na perspectiva dos direitos humanos*, p. 153.
(212) Cf. VON ADAMOVICH, Eduardo Henrique Raymundo. *Sistema da ação civil pública no processo do trabalho*. São Paulo: LTr, 2005.
(213) Nesse sentido, as palavras de Artur Torres: "Compõe, portanto, o rol de diretrizes traçadas pelo modelo constitucional de processo o dever estatal de ofertar ao jurisdicionado tutela apta a garantir a concretização das situações materiais (em espécie) protegidas pelo legislador, ou seja, o próprio bem da vida salvaguardado pelo ordenamento material". TORRES, Artur. *O processo do trabalho e o paradigma constitucional processual brasileiro*: compatibilidade? São Paulo: LTr, 2012. p. 59.
(214) NASCIMENTO, Amauri Mascaro. *Curso de direito processual do trabalho*. 28. ed. São Paulo: Saraiva, 2013. p. 989.

No mesmo sentido, Sergio Pinto Martins diz que a "Ação Civil Pública terá por objeto a defesa dos interesses difusos e coletivos (...) quando forem desrespeitados os direitos trabalhistas previstos constitucionalmente".[215]

Em breve resposta ao último questionamento acima, ressalta-se a teoria ampliativa exposta num dos livros que embasou o presente estudo, obra de Carlos Henrique Leite, prevendo a possibilidade ampliar a atuação do Ministério Público na propositura da ação civil pública visando a tutela dos direitos individuais homogêneos, inclusive disponíveis.

O estudo e proposta de tal teoria visa por meio da ação civil pública, no que diz respeito às demandas propostas na jurisdição trabalhista, que os direitos fundamentais sociais dos trabalhadores brasileiros sejam efetivamente cumpridos de forma imediata ante a previsão constitucional do § 1º do art. 5º da Carta de 1988, consagrando tais normas como direitos e garantias fundamentais de segunda geração e, como dito antes, jamais outra Constituição editada no Brasil continha no rol de direitos fundamentais as normas destinadas aos trabalhadores.

Trata-se de viabilizar ao trabalhador o maior número possível de possibilidades de acessar o judiciário em busca de seus direitos primordiais, seja na esfera individual ou coletiva, eis que, além de oriundos do valor social do trabalho, decorrem do maior princípio expressado na legislação constitucional brasileira: o da dignidade da pessoa humana, consagrando assim a ordem jurídica que consagra o Estado democrático de direito.

Resta ainda fazer o cotejamento da norma acima com o dispositivo constitucional que antecede a mesma, ou seja, o inciso LXXVIII do art. 5º da Constituição, inserido com a aprovação da Emenda Constitucional n. 45/2004, prevendo de forma expressa a obrigatoriedade da duração razoável do processo como direito fundamental do cidadão.

Nesse sentido, reforçando a ideia da teoria ampliativa, diz Carlos Henrique Bezerra Leite:

> A teoria ampliativa, portanto, ao que nos parece, identifica-se com a gênese do direito processual do trabalho porque:
>
> a) a finalidade ontológica do processo trabalhista é servir de instrumento para a realização e fruição dos direitos sociais (individuais ou coletivos) dos trabalhadores;

---

(215) MARTINS, Sergio Pinto. *Direito processual do trabalho*, p. 609.

b) esses direitos sociais são considerados fundamentais em nosso ordenamento jurídico, o que bem demonstra a relevância social de todas as ações coletivas que versem sobre os mesmos;

c) as normas de proteção aos trabalhadores são, em regra, de ordem pública, na medida em que o Direito do Trabalho pátrio fundamenta-se no princípio da indisponibilidade ou irrenunciabilidade dos direitos trabalhistas.[216]

Dessa forma, a propositura da ação civil pública nos termos da teoria ampliativa, quanto à legitimidade do Ministério Público, poderia evitar a avalanche de dissídios individuais que são protocolados diariamente na jurisdição do trabalho. Com isso, reduziria as despesas processuais e tornaria mais ágil a solução do processo atendendo à norma constitucional em análise. Além, é claro, de ser outra maneira de democratizar o processo, socorrer os trabalhadores que não propõem a demanda com fundado receio de perder o emprego, e prevenir e educar os empregadores inibindo futuras demandas repetitivas sobre lesões idênticas aos interesses dos operários.[217]

No que diz respeito à legitimidade *ad causam* ativa, tem-se que a legitimação do Ministério Público não impede a de terceiros também na justiça do trabalho, porém há de se verificar a natureza do direito pleiteado, se disponível ou não, pois esse é o critério que vem sendo utilizado pelo Tribunal Superior do Trabalho. Para tanto, aponta-se como bases legais, entre outros os arts. 129, III, § 1º, da CF[218], 5º da LACP[219], e 82 do CDC[220].

---

(216) LEITE, Carlos Henrique Bezerra. *Ministério público do trabalho* — doutrina, jurisprudência e prática, p. 248-9.
(217) *Ibidem*, p. 248.
(218) Art. 129. São funções institucionais do Ministério Público: (...) III — promover o inquérito civil e a ação civil pública, para a proteção do patrimônio público e social, do meio ambiente e de outros interesses difusos e coletivos; (...) § 1º A legitimação do Ministério Público para as ações civis previstas neste artigo não impede a de terceiros, nas mesmas hipóteses, segundo o disposto nesta Constituição e na lei.
(219) Art. 5º Têm legitimidade para propor a ação principal e a ação cautelar:
I — o Ministério Público;
II — a Defensoria Pública;
III — a União, os Estados, o Distrito Federal e os Municípios;
IV — a autarquia, empresa pública, fundação ou sociedade de economia mista;
V — a associação que, concomitantemente:
a) esteja constituída há pelo menos 1 (um) ano nos termos da lei civil;
b) inclua, entre suas finalidades institucionais, a proteção ao meio ambiente, ao consumidor, à ordem econômica, à livre concorrência ou ao patrimônio artístico, estético, histórico, turístico e paisagístico. (...).
(220) Art. 82. Para os fins do art. 81, parágrafo único, são legitimados concorrentemente:
I — o Ministério Público;

Já em relação à legitimação passiva, o entendimento se firma no sentido de que qualquer pessoa, física ou jurídica, de direito público ou privado poderá atuar como ré ou corré.[221] Vejamos julgado recente no Tribunal Superior do Trabalho:

> RECURSO DE REVISTA. AÇÃO CIVIL PÚBLICA. LEGITIMIDADE ATIVA DO MINISTÉRIO PÚBLICO DO TRABALHO. JORNADA DE TRABALHO EXCESSIVA. DIREITOS INDIVIDUAIS HOMOGÊNEOS. A legitimidade do Ministério Público do Trabalho, na defesa de interesses individuais homogêneos, em ação civil pública, já está consagrada, na doutrina e na jurisprudência do c. Tribunal Superior do Trabalho e do e. Supremo Tribunal Federal. Constatado ser o bem tutelado a condenação do reclamado ao cumprimento das normas que disciplinam as condições de trabalho de seus empregados, especificamente quanto à jornada de trabalho excessiva, sobressai a legitimidade do Ministério Público em face da existência de lesão comum, a grupo de trabalhadores, inerentes a uma mesma relação jurídica, a determinar que, mesmo que o resultado da demanda refira-se a direitos disponíveis de empregados, decorre de interesses individuais homogêneos que, embora tenham seus titulares determináveis, não deixam de estar relacionados aos interesses coletivos, sendo divisível apenas a reparação do dano fático indivisível. O interesse coletivo presente determina a atuação, quando identificada lesão comum a grupo de trabalhadores que laboram a latere das normas que disciplinam a jornada de trabalho, em desrespeito aos direitos sociais garantidos no art. 7º da CF. Precedentes. Recurso de revista não conhecido.[222]

---

II — a União, os Estados, os Municípios e o Distrito Federal;
III — as entidades e órgãos da Administração Pública, direta ou indireta, ainda que sem personalidade jurídica, especificamente destinados à defesa dos interesses e direitos protegidos por este código;
IV — as associações legalmente constituídas há pelo menos um ano e que incluam entre seus fins institucionais a defesa dos interesses e direitos protegidos por este código, dispensada a autorização assemblear.
§ 1º O requisito da pré-constituição pode ser dispensado pelo juiz, nas ações previstas nos arts. 91 e ss., quando haja manifesto interesse social evidenciado pela dimensão ou característica do dano, ou pela relevância do bem jurídico a ser protegido.
(221)    Cf. LEITE, Carlos Henrique Bezerra. *Curso de direito processual do trabalho*, p 1368.
(222)    TRIBUNAL SUPERIOR DO TRABALHO. *Jurisprudência*. Processo: RR — 1341-42.2010.5.03.0086 Data de Julgamento: 19.9.2012, Relator Ministro: Aloysio Corrêa da Veiga, 6ª Turma, Data de Publicação: DEJT 21.9.2012. Disponível em: <http://aplicacao5.tst.jus.br/consultaunificada2/inteiroTeor.do?action=printInteiroTeor&format=html&highlight=true&numeroFormatado=RR—1341-42.2010.5.03.0086&base=acordao&rowid=AAANGhAAFAAAKraAAM&dataPublicacao=21/09/2012&query=Acao Civil Publica legitimidade do Ministerio Publico direitos individuais homogêneos>. Acesso em: 20.9.2012.

Saliente-se que no julgado, mesmo tratando-se de direitos individuais homogêneos, pelo critério de relevância social, os julgadores ressaltam o desrespeito aos direitos sociais garantidos, e, portanto, indisponíveis.

Ao final, antes de adentrar especificamente em cada tópico da ação civil pública trabalhista, importante ainda tecer algumas linhas sobre a sentença e coisa julgada no âmbito das lides propostas na Justiça do Trabalho, o que de pronto verifica-se aplicação pela doutrina do art. 103 do Código de Proteção e Defesa do Consumidor[223], ao invés do art. 16 da Lei da ação civil pública.[224]

Feitas as primeiras considerações acerca das modernas tendências de acesso coletivo ao judiciário trabalhista, bem como em relação à flexibilização de normas garantidas aos trabalhadores brasileiros no sentido de sempre ampliar a proteção para eles destinada, passa-se aos conceitos básicos específicos sobre a Ação Civil Pública no processo trabalhista brasileiro.

## 3.1. Conceito na visão trabalhista

O estudo desenvolvido até o presente tópico específico de classificação da ação civil pública proposta no judiciário trabalhista, demonstrou a adequação

---

(223)  Art. 103. Nas ações coletivas de que trata este código, a sentença fará coisa julgada:
I — *erga omnes*, exceto se o pedido for julgado improcedente por insuficiência de provas, hipótese em que qualquer legitimado poderá intentar outra ação, com idêntico fundamento valendo-se de nova prova, na hipótese do inciso I do parágrafo único do art. 81;
II — *ultra partes*, mas limitadamente ao grupo, categoria ou classe, salvo improcedência por insuficiência de provas, nos termos do inciso anterior, quando se tratar da hipótese prevista no inciso II do parágrafo único do art. 81;
III — *erga omnes*, apenas no caso de procedência do pedido, para beneficiar todas as vítimas e seus sucessores, na hipótese do inciso III do parágrafo único do art. 81.
§ 1º Os efeitos da coisa julgada previstos nos incisos I e II não prejudicarão interesses e direitos individuais dos integrantes da coletividade, do grupo, categoria ou classe.
§ 2º Na hipótese prevista no inciso III, em caso de improcedência do pedido, os interessados que não tiverem intervindo no processo como litisconsortes poderão propor ação de indenização a título individual.
§ 3º Os efeitos da coisa julgada de que cuida o art. 16, combinado com o art. 13 da Lei n. 7.347, de 24 de julho de 1985, não prejudicarão as ações de indenização por danos pessoalmente sofridos, propostas individualmente ou na forma prevista neste código, mas, se procedente o pedido, beneficiarão as vítimas e seus sucessores, que poderão proceder à liquidação e à execução, nos termos dos arts. 96 a 99.
§ 4º Aplica-se o disposto no parágrafo anterior à sentença penal condenatória.
(224)  Art. 16. A sentença civil fará coisa julgada *erga omnes*, nos limites da competência territorial do órgão prolator, exceto se o pedido for julgado improcedente por insuficiência de provas, hipótese em que qualquer legitimado poderá intentar outra ação com idêntico fundamento, valendo-se de nova prova.

deste meio processual, conforme conceitos de gênero apontados acima, para tutela dos direitos metaindividuais, quais sejam, difusos, coletivos e individuais homogêneos. Nota-se, pela exposição textual, que há raízes comuns do processo coletivo como um todo, seja aplicado na esfera trabalhista ou civil, qual seja, a busca de tais direitos, que dependendo do enfoque, serão postulados em uma jurisdição ou outra de acordo com a natureza jurídica e diplomas legais em que estão previstos, Constituição Federal, CLT, Código Civil, e ainda legislações especiais específicas.

No contexto atual em que se insere o judiciário diante da evolução social, importante o reconhecimento doutrinário, jurisprudencial e até mesmo legislativo, muito embora carente ainda de regulamentação exaustiva este último, de que o processo coletivo é uma realidade importante no que diz respeito ao fato de se tentar aplicar o direito de forma mais ampla e breve aos seus destinatários.

Nesse sentido, importante referir afirmações de Eduardo Henrique Raymundo Von Adamovich:

> O reconhecimento de um sistema processual coletivo, que só recorro àquele outro individual em caráter subsidiário, permite, por sua vez, a sua subdivisão em processo coletivo comum ou civil e processo coletivo especializado, onde se insere a jurisdição coletiva do trabalho. A ação coletiva é a que é proposta por um legitimado autonomamente, para a defesa de um direito coletivamente considerado, cuja sentença terá efeitos sobre uma comunidade ou coletividade.[225]

Nota-se que a diferença conceitual que será abordada apenas se fará em relação à especificidade dos direitos que são postulados na jurisdição especializada, pois no que diz respeito aos direitos laborais somente o judiciário trabalhista tem competência de julgamento, ressalvando-se as discussões decorrentes de relação de trabalho *lato sensu* e também aquelas oriundas de servidores públicos contratados em regime próprio.[226]

O conceito jurídico pode variar de autor para autor, principalmente se for considerada sua área de atuação, se processo civil ou processo do trabalho. No entanto, está-se falando de uma modalidade de instituto jurídico destinado à proteção de interesses de uma coletividade. Portanto, tanto na esfera da ju-

---

[225] VON ADAMOVICH, Eduardo Henrique Raymundo. *Sistema da ação civil pública no processo do trabalho,* p. 167.
[226] Nesse sentido, *Súmula n. 137 do STJ* — Compete à justiça comum estadual processar e julgar ação de servidor público municipal, pleiteando direitos relativos ao vínculo estatutário. E *Súmula n. 218 do STJ* — Compete à Justiça dos Estados processar e julgar ação de servidor estadual decorrente de direitos e vantagens estatutárias no exercício de cargo em comissão.

risdição civil comum ou especializada, a ação civil pública será o instrumento destinado à tutela dos direitos difusos, coletivos e individuais homogêneos, decidindo-se o judiciário de tramitação pela natureza jurídica do direito ora pleiteado. Assim, quando voltada às relações de emprego, a Justiça do Trabalho terá competência para processar e julgar a ação. O conceito jurídico, portanto, delimitará o campo de atuação e desenvolvimento da temática proposta no presente capítulo.

Considerando que a partir de agora está se falando especificamente dos direitos difusos, coletivos e individuais homogêneos destinados às relações de trabalho e emprego, apresenta-se, sem jamais deixar de lado as definições de Carlos Henrique Bezerra Leite[227] dispostas anteriormente por ser marco teórico da pesquisa até porque se trata de doutrinador na área do direito processual do trabalho, conceito da ação civil pública nas palavras de Ricardo José Macedo de Brito Pereira:

> [...] a ação civil pública consiste em instituto jurídico voltado para a defesa em juízo, dos interesses difusos, coletivos e individuais homogêneos, por meio de legitimados expressamente previstos, cuja ênfase recai na efetividade desses interesses e direitos, na medida em que é possível lançar mão de variadas fórmulas para se alcançar tal resultado.[228]

Portanto, há de se notar que, lendo os conceitos apresentados pelos doutrinadores que, independente da área de atuação, a ação civil pública busca a tutela dos chamados direitos meta ou transindividuais, cuja especificidade é que irá delimitar o judiciário que conhecerá e realizará o trâmite processual.

Há variados meios processuais de se postular os direitos previstos na legislação brasileira. No entanto, se se considerar o fato de que por meio de um processo coletivo, neste caso falando-se da ação civil pública, proposta por um legitimado legalmente, poderá ter eficácia e efetividade mais ampla, talvez se aponte para um atendimento das normas previstas no inciso LXXVIII e § 1º do art. 5º da Constituição Federal do Brasil, no que diz respeito à duração razoável do processo e aplicação imediata dos direitos fundamentais.

Assim, sem apresentar novos elementos conceituais específicos, apenas referindo que os direitos metaindividuais na esfera trabalhistas são aqueles destinados aos trabalhadores, evita-se tautologia e prolongamentos textuais,

---

(227) Referência n. 94 deste estudo onde o doutrinador apresenta o conceito amplo e didático de Ação Civil Pública, independentemente de sua aplicação no processo civil ou trabalhista, descrito em LEITE, Carlos Henrique Bezerra. *Curso de direito processual do trabalho*, p. 1427-8.
(228) PEREIRA, Ricardo José Macedo de Brito. *Ação civil pública no processo do trabalho*. Salvador: Juspodivm, 2014. p. 27.

passando-se de imediato à análise do objeto da ação civil pública proposta no âmbito da Justiça do Trabalho.

## 3.2. Os direitos fundamentais dos trabalhadores como objeto da ação civil pública trabalhista

O objeto da ação civil pública proposta no âmbito da Justiça do trabalho, conforme os marcos teóricos adotados no presente estudo, são os direitos metaindividuais, assim considerada a classificação prevista no parágrafo único do art. 81 do Código de Defesa do Consumidor[229], como direitos difusos, coletivos e individuais homogêneos.

Importante fazer os esclarecimentos acerca do objeto deste meio processual, porque uma leitura apressada dos dispositivos da lei da ação civil pública[230] pode levar à conclusão, em linhas gerais, de que seu fim único será responsabilizar qualquer pessoa física ou jurídica, de direito público ou privado, por danos morais ou patrimoniais causados ao meio ambiente, ao consumidor, a bens e direitos de valor estético, artístico, histórico, turístico e paisagístico ou a qualquer outro interesse difuso ou coletivo, por infração à ordem econômica, à ordem urbanística, à honra e dignidade de grupos raciais, étnicos ou religiosos, e ao patrimônio público e social (art. 1º, LACP), podendo ter por objeto a condenação em dinheiro ou ao cumprimento de obrigação de fazer ou não fazer (art. 3º, LACP).

Ocorre que a ação civil pública pode ser considerada uma espécie de instrumento processual de garantia fundamental dos chamados direitos difusos, coletivos e individuais homogêneos. Permite-se, desse modo, entender que se considera não apenas a reparação, mas a proteção de tais direitos conforme disposto no inciso III do art. 129 da Constituição Federal.[231] Ressalte-se, ainda, que o vocábulo "proteção" deve ter interpretação ampla no sentido de que se busca não só a reparação de danos causados, mas também a prevenção de futuros incidentes.[232]

---

(229)  BRASIL. Lei n. 8.078, de 11 de setembro de 1990. Dispõe sobre a proteção do consumidor e dá outras providências.
(230)  BRASIL. Lei n. 7.347, de 24 de julho de 1985. Disciplina a ação civil pública de responsabilidade por danos causados ao meio ambiente, ao consumidor, a bens e direitos de valor artístico, estético, histórico, turístico e paisagístico (VETADO) e dá outras providências.
(231)  CF/88: Art. 129. São funções institucionais do Ministério Público:
(...) III — promover o inquérito civil e a ação civil pública, para a proteção do patrimônio público e social, do meio ambiente e de outros interesses difusos e coletivos;
(232)  Cf. LEITE, Carlos Henrique Bezerra. *Ação civil pública na perspectiva dos direitos humanos*, p. 108.

Ao postular direitos metaindividuais dos trabalhadores, também há de se buscá-los pelo mais adequado instrumento processual de forma a atender imediata e brevemente os destinatários. Fortalecendo esse entendimento, afirma Ricardo José Macedo de Brito Pereira:

> O direito empodera sujeitos, em situações específicas, para alcançarem determinados bens da vida, assim como seleciona caminhos para atingir as finalidades previstas. Esse caráter seletivo limita, por um lado, os interesses suscetíveis de tutela, mas facilita, por outro, as escolhas dos caminhos mais propícios para se chegar a determinadas situações. O Direito tutela os interesses considerados relevantes a cada sociedade, pelos procedimentos previstos, havendo uma série de mecanismos para que sejam satisfeitos. [...] o papel da ação civil pública é essencial nesse ponto. Se as normas constitucionais carecem de efetivação ou são sistematicamente violadas, as estruturas de poder que a Constituição pretendeu alterar seguem permitindo posturas autoritárias e opressoras, que vão de encontro com valores e princípios nela consagrados.[233]

Nessa linha de pensamento, afirma-se que no âmbito da Justiça do Trabalho a ação civil pública também pode ter por objeto o caráter preventivo e reparatório, postulando sentenças de natureza condenatória, constitutiva, declaratória ou mandamental, em busca da proteção de qualquer interesse difuso, coletivo ou individual homogêneo, desde que tais direitos tenham matéria relacionada ao conteúdo trabalhista para adequar-se à previsão constitucional do art. 114 da CF/88.[234] Nesse sentido, já se posicionou o Supremo Tribunal Federal atribuindo competência à Justiça do Trabalho para processar e julgar ação civil pública envolvendo matéria trabalhista:

> COMPETÊNCIA — AÇÃO CIVIL PÚBLICA — CONDIÇÕES DE TRABALHO. Tendo a ação civil pública como causas de pedir disposições trabalhistas e pedidos voltados à preservação do meio ambiente do trabalho e, portanto, aos interesses dos empregados, a competência para julgá-la é da Justiça do Trabalho.[235]

---

(233) PEREIRA, Ricardo José Macedo de Brito. *Ação civil pública no processo do trabalho*, p. 96 e 100.
(234) Cf. LEITE, Carlos Henrique Bezerra. *Ação civil pública na perspectiva dos direitos humanos*, p. 109.
(235) SUPREMO TRIBUNAL FEDERAL. *Jurisprudência*. RE 206.220-1 — Min. Rel. Marco Aurélio, 2ª Turma, 16/03/1999. Disponível em: <http://www.stf.jus.br/portal/jurisprudencia/listarJurisprudencia.asp?s1=%28206220%2ENUME%2E+OU+206220%2EACMS%2E%29&base=baseAcordaos&url=http://tinyurl.com/ntmg32r>. Acesso em: 17.10.2014.

Ratificando o entendimento, diz-se que, em se tratando de tutela mandamental, condenatória e executiva para direitos difusos, coletivos e individuais homogêneos dos trabalhadores, sejam disponíveis ou não, os ritos da LACP e do CDC são os mais adequados e próprios.[236]

Entre os direitos sociais previstos no art. 6º da Constituição Federal[237], título II, está prevista a garantia fundamental ao trabalho para todo cidadão brasileiro. Dessa forma, cumpre ressaltar aspecto que inclusive já foi ventilado alhures nesse estudo, qual seja, o fato de que tal norma prevista na Carta Magna classifica o direito ao trabalho no rol das garantias fundamentais indisponíveis. Se o direito ao trabalho é direito fundamental expressamente previsto no catálogo, também de mesma natureza, até porque previsto no mesmo título, são os direitos individuais dos trabalhadores elencados no art. 7º da Constituição Federal. Esses, por sua vez, ligados diretamente à dignidade da pessoa humana como princípio fundamental embasador de todo ordenamento jurídico brasileiro.

Cumpre ressaltar que o direito ao trabalho na sua forma ideal compõe diretrizes internacionais de aplicação no âmbito dos direitos sociais mundialmente defendidos. Nesse sentido, cita-se como exemplo a Carta dos Direitos Fundamentais da União Europeia, referida por Alvaro Sánches Bravo em artigo que aborda a proteção dos direitos fundamentais em face da crise econômica que atingiu os países da Europa, referindo que mesmo diante das dificuldades financeiras é necessário que se preservem outros interesses e conquistas já anteriormente alcançados, como a democracia e o respeito aos direitos humanos.[238]

Para reforçar o entendimento de que o direito fundamental social ao trabalho está relacionado no diploma internacional como premissa diretamente ligada à dignidade da pessoa humana, o mesmo autor transcreve trechos do preâmbulo da Carta dos Direitos Fundamentais da União Europeia:

> La Carta reúne en un único documento los derechos que hasta ahora se repartían en distintos instrumentos legislativos, como las legislaciones nacionales y comunitarias, así como los convenios internacionales del Consejo de Europa, de las Naciones Unidas (ONU)

---

(236) Cf. VON ADAMOVICH, Eduardo Henrique Raymundo. *Sistema da ação civil pública no processo do trabalho,* p. 182.
(237) BRASIL. Constituição. *Constituição da República Federativa do Brasil.* Brasília: Senado Federal, 1988. Art. 6º São direitos sociais a educação, a saúde, a alimentação, o trabalho, a moradia, o lazer, a segurança, a previdência social, a proteção à maternidade e à infância, a assistência aos desamparados, na forma desta Constituição.
(238) Cf. BRAVO, Alvaro Sánches. La protección de los derechos humanos en la unión europea: el impacto de la crisis económica y social. In: BRAVO, Alvaro Sánches; AZEVEDO, André Jobim de; STÜRMER, Gilberto (orgs.). *Congresso internacional de direito do trabalho* — Anais. Porto Alegre: HS, 2014. p. 22.

y de la Organización Internacional del Trabajo (OIT). Dando mayor visibilidad y claridad a los derechos fundamentales, estabelece uma seguridad jurídica dentro de la UE.

La Carta de los Derechos Fundamentales incluye un preámbulo introductorio con 54 artículos distribuídos em 7 capítulos: — capítulo I: dignidad (dignidad humana, derecho a la vida, derecho a la integridad de la persona, prohibición de la tortura y de las penas o los tratos inhumanos o degradantes, prohibición de la esclavitud y el trabajo forzado).[239]

Se analisar a evolução legislativa mundial, especialmente a partir do século XX, no que diz respeito aos direitos sociais fundamentais dos trabalhadores, verificar-se-á que estes sempre estiveram ligados diretamente aos direitos humanos básicos de todos os cidadãos. Nesse sentido, estudo de Nelson Larrañaga Zeni:

> La historia há demostrado que los derechos fundamentales laborales han estado muy ligados al reconocimiento de los derechos humanos básicos. Basta releer todos los documentos internacionales, desde la Constitución de la OIT y pasando por la Declaración Universal de Derechos Humanos y los Pactos y Cartas, que siempre que se reconocieron los derechos fundamentales esenciales, estuvieron reconocidos también los derechos laborales.
>
> Y esto es así porque todos por experiencia propia son conscientes del papel central que tiene el trabajo en la vida de los seres humanos. Así siendo, la tendencia universal fué y es la de humanizar el trabajo para hacer realidad a lo máximo de la OIT de que el trabajo no es una mercancia.
>
> En la esfera de las relaciones individuales de trabajo, en los primeros tiempos del siglo XX los Estados participaron activamente en el diseño de la protección de los trabajadores, con el fin de dignificar el trabajo y establecer condiciones laborales que permitieran que el ser humano se realizara como persona.[240]

---

(239) BRAVO, Alvaro Sánches. La protección de los derechos humanos en la unión europea: el impacto de la crisis económica y social. In: BRAVO, Alvaro Sánches; AZEVEDO, André Jobim de; STÜRMER, Gilberto (orgs.). *Congresso internacional de direito do trabalho* — Anais. Porto Alegre: HS, 2014. p. 15.
(240) ZENI, Nelson Larrañaga. Los derechos humanos fundamentales en las relaciones laborales. In: BRAVO, Alvaro Sánches; AZEVEDO, André Jobim de; STÜRMER, Gilberto (orgs.). *Congresso internacional de direito do trabalho* — Anais. Porto Alegre: HS, 2014. p. 106.

Verifica-se que há uma tendência mundial de controle e proteção dos direitos dos trabalhadores. Da mesma forma, se busca um equilíbrio nos relacionamentos entre empregados e empregadores sem que os direitos dos primeiros sejam desrespeitados, porém, respeitando-se as prerrogativas do desenvolvimento econômico e os fundamentos constitucionais da livre-iniciativa e valores sociais do trabalho conforme expressamente descrito na Constituição Federal brasileira em seu art. 1º, IV, preservando-se sempre a dignidade da pessoa. Nesse sentido, também as lições de Antonio Ojeda Aviléz:

> El mundo globalizado marcha inexorablemente hacia la instauración de los más fuertes controles internacionales, de unas reglas de juego más racionales y humanas, lo cual supondrá un nuevo equilíbrio entre trabajadores y empresarios, en donde el beneficio y la dignidad de la persona tengan igualmente cabida.[241]

A grande relevância de entabular o presente estudo, viabilizando o instituto da ação civil pública na Justiça do Trabalho brasileira, está no fato da busca de um instrumento processual que postule de maneira mais célere a tutela dos direitos reconhecidos aos trabalhadores como seu principal objeto.

Da interpretação ampla do *caput* do art. 7º da Carta Magna[242], referindo-se normas específicas fundamentais destinadas aos trabalhadores, entende-se que mesmo aqueles direitos não previstos no catálogo, se visarem à melhoria da condição social dos trabalhadores urbanos e rurais brasileiros, podem ser entendidos como direitos fundamentais. Nota-se que o legislador constituinte deixa em aberto o texto constitucional para equiparar legislação ordinária e até mesmo normas de ordem privada, como é o caso dos acordos e convenções coletivas de trabalho.

Da mesma forma, deve-se observar o disposto no § 2º do art. 5º da Constituição Federal[243], a possibilidade de integrar à legislação brasileira, no patamar de norma constitucional, tratados internacionais ratificados pelo Brasil. Sobre a norma constitucional, explica Luciano Martinez:

---

(241) AVILÉZ, Antonio Ojeda. La confrontación de modelos sociales en el cambio de siglo. In: BRAVO, Alvaro Sánches; AZEVEDO, André Jobim de; STÜRMER, Gilberto (orgs.). *Congresso internacional de direito do trabalho* — Anais. Porto Alegre: HS, 2014. p. 42.
(242) BRASIL. Constituição. *Constituição da República Federativa do Brasil*. Brasília: Senado Federal, 1988. *Art. 7º* São direitos dos trabalhadores urbanos e rurais, além de outros que visem à melhoria de sua condição social.
(243) BRASIL. Constituição. *Constituição da República Federativa do Brasil*. Brasília: Senado Federal, 1988. *Art. 5º* (...) § 2º — Os direitos e garantias expressos nesta Constituição não excluem outros decorrentes do regime e dos princípios por ela adotados, ou dos tratados internacionais em que a República Federativa do Brasil seja parte.

Por conta dessa inclinação, o § 2º do art. 5º da CF/88 prevê que os direitos e garantias nela expressos não excluem outros quaisquer decorrentes do regime e dos princípios por ela adotados ou dos tratados internacionais em que a República Federativa do Brasil seja parte.

Anote-se, desde já, que a referência aos "Tratados Internacionais" deve ser apreendida no seu sentido mais amplo, abarcando o universo de acordos internacionais, quer conste de um instrumento único, quer de dois ou mais instrumentos conexos, **qualquer que seja a sua denominação**. Essa é a diretriz extraída do art. 2.1.a da Convenção de Viena sobre o Direito dos Tratados, de 26 de maio de 1969, que entrou internacionalmente em vigor em 27 de janeiro de 1980, do art. 2.1.a da Convenção de Viena sobre o Direito dos Tratados entre Estados e Organizações Internacionais ou entre Organizações Internacionais, de 21 de março de 1986, e do constume internacional, que inegavelmente é fonte do direito.[244]

Verifica-se, após leitura da obra citada acima, que em relação às normas internacionais que compõem a legislação do Brasil, diz a Carta Magna:

> Art. 5º Todos são iguais perante a lei, sem distinção de qualquer natureza, garantindo-se aos brasileiros e aos estrangeiros residentes no País a inviolabilidade do direito à vida, à liberdade, à igualdade, à segurança e à propriedade, nos termos seguintes:
>
> (...)
>
> § 2º Os direitos e garantias expressos nesta Constituição não excluem outros decorrentes do regime e dos princípios por ela adotados, ou dos tratados internacionais em que a República Federativa do Brasil seja parte.
>
> § 3º Os tratados e convenções internacionais sobre direitos humanos que forem aprovados, em cada Casa do Congresso Nacional, em dois turnos, por três quintos dos votos dos respectivos membros, serão equivalentes às emendas constitucionais.[245]

Portanto, primeiramente verifica-se que é pacificamente aceita aplicação no Brasil de normas internacionais. Em segunda linha, para que sejam aplicadas as referidas regras, é necessário que passem por aprovação no Congresso Nacional de acordo com o quórum de votação exigido na lei. E por último

---

(244) MARTINEZ, Luciano. *Condutas antissindicais*. São Paulo: Saraiva, 2013. p. 102-3.
(245) BRASIL. Constituição. *Constituição da República Federativa do Brasil*. Brasília: Senado Federal, 1988.

sublinhe-se que, se aprovada a norma internacional, e esta diga respeito aos direitos humanos, de acordo com o texto constitucional, serão equivalentes às emendas da própria constituição.

Na verdade, há muitas divergências na classificação do Brasil como um país adepto ao monismo ou ao dualismo quando se trata da adoção de tratados internacionais na legislação interna. Em síntese, o Brasil não se enquadra como país monista porque o texto integral da norma externa não é aplicado literalmente. Também não é classificado como dualista porque não há previsão de edição de nova lei para regulamentar o tratado que se pretende aplicar no ordenamento jurídico interno. O questionamento que ainda assim permanece é de qual posição hierárquica se enquadram os tratados internacionais? Norma constitucional ou em plano superior às normas ordinárias e abaixo da Constituição?

Em relação ao assunto, já houve pronunciamento formal do Supremo Tribunal Federal por meio do Recurso Extraordinário n. 466.343-1/SP, o qual obteve votação unânime dos ministros na aplicação de norma de caráter internacional. O apelo mencionava questão atinente à prisão do depositário infiel, situação em que é omissa a Constituição Federal brasileira de 1988. Destarte, o Brasil é seguidor da Convenção Americana de Direitos Humanos (Pacto de San José de Costa Rica), motivo pelo qual aplicaram ao julgamento o disposto no art. 7º, item 7[(246)], norma que diz não se aplicar prisão por dívidas.

Ainda assim, persiste um questionamento diante da divergência de enquadramento hierárquico das normas internacionais que são aplicadas internamente no Brasil quando da ocorrência de existir previsão legal na legislação pátria.

---

(246) *Procuradoria Geral do Estado de São Paulo*. Disponível em: <http://www.pge.sp.gov.br/centrodeestudos/bibliotecavirtual/instrumentos/sanjose.htm>. Acesso em: 13.6.2014. Há de se ressaltar, no entanto, que, mesmo sendo votação unânime pelo Pretório Excelso, houve divergência no enquadramento do tratado internacional aplicado. O Ministro Gilmar Mendes, por exemplo, alertou para quatro posicionamentos na classificação de tais normas: natureza supraconstitucional quando a matéria versar sobre direitos humanos, natureza constitucional, *status* de lei ordinária, e caráter supralegal, ou seja, não trata-se de norma constitucional, mas está acima das leis ordinárias previstas, salvo na hipótese do § 3º do art. 5º da CF/88. Posiciona-se o Ministro, acompanhado de Carlos Brito e Menezes Direito favoráveis à última classificação. Já os Ministros Cezar Peluso, e Celso de Mello, atribuíram aos tratados internacionais, *status* de normas materialmente constitucionais. O Pleno do Supremo Tribunal Federal, na sessão de 16 de dezembro de 2009, ratificando suas razões de aplicação da norma internacional ao julgamento, editou e publicou a Súmula Vinculante n. 25 com a seguinte redação: "É ilícita a prisão civil de depositário infiel, qualquer que seja a modalidade do depósito".
Art. 7º item 7. Art. 7º Direito à liberdade pessoal:
(...)
7. Ninguém deve ser detido por dívidas. Este princípio não limita os mandados de autoridade judiciária competente expedidos em virtude de inadimplemento de obrigação alimentar.

Se houver conflito deste com tratado internacional versando sobre direitos humanos, qual dispositivo prevalecerá?

Em resposta ao questionamento acima, inegável ressaltar o caráter subjetivo que se instala no momento das avaliações. Parte da doutrina poderá se posicionar pela norma mais favorável ao titular do direito, enquanto outros, e até talvez com mais seguidores, apontam no sentido que a solução deve ser sempre pela preservação da dignidade da pessoa humana (*in dubio pro dignitate*), com aplicação dos princípios da razoabilidade e proporcionalidade, seja norma de direito internacional ou dispositivo previsto na legislação interna no país.[247]

Na verdade, estarem previstos no texto constitucional os direitos dos trabalhadores, sendo ou não classificados no rol das garantias fundamentais, não dá, por si só, a eficácia e efetividade de tais normas. Por isso o estudo de um instrumento processual que permita o alcance de forma breve e imediata aos destinatários de tais direitos: os trabalhadores. Nessa senda, diz Ingo Wolfgang Sarlet:

> De outra parte, resulta evidente que a mera previsão de direitos sociais e dos trabalhadores nos textos constitucionais, ainda que acompanhada de outras providências, como a criação de um sistema jurídico constitucional de garantias institucionais, procedimentais, ou mesmo de outra natureza, nunca foi o suficiente para, por si só, neutralizar as objeções da mais variada natureza ou mesmo impedir um maior ou menor déficit de efetividade dos direitos sociais, notadamente no que diz respeito aos padrões de bem-estar social e econômico vigentes. Saber em que medida os direitos sociais e dos trabalhadores, a despeito do regime jurídico que lhes foi atribuído pela Constituição (em que pese a conhecida controvérsia sobre qual exatamente é este regime jurídico!), de fato representam mais do que manifestação de um constitucionalismo simbólico já seria matéria mais do que suficiente para ocupar uma monografia de envergadura, [...] todavia, [...], não há como se considerar que o tema guarda íntima vinculação (também) com o tema das resistências aos direitos sociais e aos direitos dos trabalhadores, seja no que diz com o uso meramente retórico do discurso dos direitos, seja no que diz respeito à sua eficácia e efetividade.[248]

---

(247) Cf. MARTINEZ, Luciano. *Condutas antissindicais*, p. 102 e ss.
(248) SARLET, Ingo Wolfgang. Os direitos dos trabalhadores como direitos fundamentais na Constituição Federal brasileira de 1988. In: SARLET, Ingo Wolfgang; MELO FILHO, Luiz Philippe Vieira de; FRAZÃO, Ana de Oliveira (coords.). *Diálogos entre o direito do trabalho e o direito constitucional:* estudos em homenagem a Rosa Maria Weber. São Paulo: Saraiva, 2014. p. 18.

O mesmo autor ainda prossegue em suas afirmações ratificando o entendimento de que há, efetivamente, direitos fundamentais não catalogados no texto constitucional. Aduz que:

> [...] é preciso, desde logo, afastar qualquer leitura reducionista, designadamente naquilo em que — equivocadamente — se afirma que, ao advogar a condição de fundamentais a todos os direitos assim designados expressamente pelo constituinte, se está, ao fim e ao cabo, a sustentar uma concepção estritamente formal de direitos fundamentais. Em primeiro lugar, afirmar que são fundamentais todos direitos como tais (como direitos fundamentais!) expressamente consagrados na Constituição não significa que não haja outros direitos fundamentais até mesmo pelo fato de que se deve levar a sério a já referida cláusula de abertura no art. 5º, § 2º, da CF, (e, para os direitos dos trabalhadores, a clausula especial do art. 7º, *caput*, da CF), estabelecendo que, além dos direitos expressamente consagrados na Constituição, existem outros decorrentes do regime e dos princípios, além dos direitos tipificados, nos tratados internacionais ratificados pelo Brasil.[249]

De fato, nota-se que há uma "abertura material" das normas conferidas aos cidadãos brasileiros como direitos fundamentais, tendo em vista que a Constituição não veda, ao contrário possibilita, a classificação de legislação infraconstitucional também como direitos fundamentais. E, principalmente, no que diz respeito ao texto da Carta Magna, todos os direitos expressa ou implicitamente positivados, estejam ou não sediados no Título II, são Direitos Fundamentais. Nesse sentido, afirma-se:

> É inquestionável que a abertura material do catálogo abrange os direitos individuais, considerados como tais e para os efeitos deste trabalho os direitos fundamentais de cunho negativo, dirigidos *prima facie* à proteção do indivíduo (isolada ou coletivamente) contra intervenções do Estado, isto é, centrados numa atitude de abstenção dos poderes públicos, o que pode ser deduzido tanto da expressão literal da norma, quanto da sua localização no texto. Que a citada norma igualmente abrange os chamados direitos sociais, identificados como direitos essencial e preponderantemente dirigidos a prestações positivas do Estado, sejam normativas ou fáticas, por ser inferido basicamente das seguintes constatações. Em primeiro lugar,

---

[249] SARLET, Ingo Wolfgang. Os direitos dos trabalhadores como direitos fundamentais na Constituição Federal brasileira de 1988. In: *Diálogos entre o direito do trabalho e o direito constitucional:* estudos em homenagem a Rosa Maria Weber, p. 24.

da expressão literal do art. 5º, § 2º, da CF, que menciona, de forma genérica, os "direitos e garantias expressos nesta Constituição", sem qualquer limitação quanto à sua posição no texto. Em segundo lugar (mas não em segundo plano), da acolhida expressa dos direitos sociais na CF de 1988, no título relativo aos direitos fundamentais, apesar de regrados em outro capítulo, inserindo a nossa Carta na tradição que se firmou no constitucionalismo do segundo pós-guerra, mas que encontra suas origens mais remotas na Constituição mexicana de 1917 e, com particular relevo, na Constituição alemã de 1919 (Constituição de "Weimar"). Da mesma forma, virtualmente pacificada na doutrina internacional a noção de que — a despeito da diversa estrutura normativa e de suas consequências jurídicas — ambos "os grupos" de direitos se encontram revestidos pelo manto da "fundamentalidade". Por derradeiro, é evidente que a mera localização topográfica do dispositivo no capítulo I do Título II não pode prevalecer diante de uma interpretação que, particularmente, leve em conta a finalidade do dispositivo.[250]

De acordo com as referências colacionadas, tem-se que o objeto da ação civil pública proposta no judiciário trabalhista, são os direitos difusos, coletivos e individuais homogêneos, assim considerados como direitos fundamentais assegurados na Constituição Federal ou em outros diplomas legais, abertura esta prevista no próprio texto constitucional como explicado acima. Aliás, o próprio texto constitucional dá expressamente caráter fundamental à legislação ordinária quando prevê que determinada garantia fundamental será regulamentada por lei especial, embora deva-se deixar claro, mesmo não sendo aprofundado o assunto, que há divergências na doutrina sobre a condição de norma fundamental à legislação infraconstitucional.[251] A título de exemplo, cita-se o art. 7º, I, da CF/88, o qual ainda aguarda regulamentação específica

---

(250) SARLET, Ingo Wolfgang. *A eficácia dos direitos fundamentais:* uma teoria geral dos direitos fundamentais na perspectiva constitucional. 12. ed. rev. atual e ampl. Porto Alegre: Livraria do Advogado, 2015. p. 83.
(251) Nesse sentido, SARLET, Ingo Wolfgang. Os direitos dos trabalhadores como direitos fundamentais na Constituição Federal brasileira de 1988. In: *Diálogos entre o direito do trabalho e o direito constitucional:* estudos em homenagem a Rosa Maria Weber, p. 32: Já a existência de autênticos direitos fundamentais, criados por força exclusiva da legislação infraconstitucional, resulta no mínimo controversa, à míngua de previsão constitucional expressa nesse sentido, mas especialmente considerando a necessária hierarquia constitucional, para que se possa falar em autênticos direitos fundamentais. Há que admitir, contudo, que na hipótese de se tratar de posições legislativas que possam ser reconduzidas, na condição de direitos fundamentais implícitos legislativamente concretizados e explicitados a objeção colacionada perde a razão de ser. (...) o tema (e problema) da abertura material do catálogo constitucional em matéria de direitos fundamentais dos trabalhadores é de uma particular riqueza teórica e prática, merecendo permanente atenção e desenvolvimento.

no que diz respeito à indenização conferida ao trabalhador pela despedida arbitrária, e também o art. 7º, XXI, da CF/88, norma que já se encontra regulamentada pela Lei n. 12.506/2011.[252]

Há ainda que considerar-se, embora não de forma exaustiva por não ser foco principal do presente estudo, que há doutrina no sentido de que os direitos fundamentais destinados aos trabalhadores, materialmente previstos na legislação são condições relacionadas diretamente com a dignidade da pessoa humana e com o chamado mínimo existencial.[253] Apenas para deixar claro a conexão, o art. 7º, IV, da CF/88, como garantia fundamental ao trabalhador o salário mínimo "capaz de atender a suas necessidades vitais básicas e às de sua família com moradia, alimentação, educação, saúde, lazer, vestuário, higiene, transporte e previdência social, com reajustes periódicos que lhe preservem o poder aquisitivo, sendo vedada sua vinculação para qualquer fim". Nota-se que um dos direitos fundamentais dos trabalhadores está diretamente ligado à outros direitos e garantias fundamentais mínimas. Usando o mesmo exemplo, diz Ingo Wolfgang Sarlet:

> O vínculo com o direito-garantia ao mínimo existencial resulta evidente, assim como não se pode desprezar o quanto a garantia da possibilidade de trabalhar, e com isso assegurar seu próprio sustento e de seus dependentes, constitui dimensão relevante para o livre desenvolvimento da personalidade e da própria noção de autonomia, do ser humano construtor de seu próprio destino.[254]

Portanto, havendo vínculo direto dos direitos fundamentais atribuídos aos trabalhadores com o chamado "mínimo existencial", há ainda que considerar-se que reduzir tais normas poderia representar um retrocesso social no Estado Democrático de Direito brasileiro, o que de pronto se admite proibição diante da legislação pátria que ora se opera no território nacional e também pelas diretrizes internacionais nas quais o Brasil é seguidor. Assim, "[...] o mínimo existencial opera como importante limite material a vincular negativa e também positivamente o poder público, sem prejuízo de uma eficácia na esfera das relações entre particulares".[255]

---

(252) *CF/88: Art. 7º* São direitos dos trabalhadores urbanos e rurais, além de outros que visem à melhoria de sua condição social: *I* — relação de emprego protegida contra despedida arbitrária ou sem justa causa, nos termos de lei complementar, que preverá indenização compensatória, dentre outros direitos; (...) *XXI* — aviso prévio proporcional ao tempo de serviço, sendo no mínimo de trinta dias, nos termos da lei (Este último regulamentado pela Lei n. 12.506/2011).
(253) Nesse sentido, WANDELLI, Leonardo Vieira. *O direito humano e fundamental ao trabalho. Fundamentação e exigibilidade.* São Paulo: LTr, 2012. p. 138 e ss.
(254) SARLET, Ingo Wolfgang; MARINONI, Luiz Guilherme; MITIDIERO, Daniel. *Curso de direito constitucional,* p. 616.
(255) SARLET, Ingo Wolfgang. Os direitos dos trabalhadores como direitos fundamentais na Constituição Federal brasileira de 1988. In: *Diálogos entre o direito do trabalho e o direito constitucional:* estudos em homenagem a Rosa Maria Weber, p. 70.

Passando-se a seguir ao tópico da competência, sem prejuízo de posterior abordagem complementando o assunto do objeto da ação civil pública trabalhista, ainda que disposto com alguns detalhes relevantes até o momento, verifica-se, ao fim e ao cabo, que de fato são os direitos metaindividuais (difusos, coletivos e individuais homogêneos), estes quando especificamente vinculados e atribuídos aos trabalhadores, e decorrentes das relações de trabalho e emprego.

### 3.3. Finalidade da ação civil pública trabalhista

Em linhas gerais, pode-se dizer que o objeto da ação civil pública trabalhista é a concretização dos direitos metaindividuais destinados aos trabalhadores pela legislação brasileira. Dessa forma, tem-se, pelo menos de maneira ampla, que a principal finalidade de tal instrumento processual é promover o acesso do maior número possível de pessoas (neste tópico diga-se "de trabalhadores e sociedade em geral") às garantias fundamentais positivadas no ordenamento jurídico do Brasil.

Em relação ao tópico genérico desenvolvido no capítulo II do presente estudo, apenas diferencia-se a finalidade da ação civil pública trabalhista, por ser esta destinada ao amparo dos interesses e direitos metaindividuais decorrentes das relações de trabalho e emprego. Porém, há de se ressaltar que permanece o interesse social envolvido no objeto da demanda. Importante também referir, que no capítulo anterior, foi referida divergência doutrinária e jurisprudencial pelo fato de que a ação civil pública poderá determinar a realização de políticas públicas[256] que deveriam ser implantadas pelos Poderes Legislativo e Executivo, não pelo Judiciário. Nesse sentido, diz Ricardo José Macedo de Brito Pereira:

> Em princípio, não compete ao Poder Judiciário se ocupar de políticas públicas, cuja formulação e execução estão a cargo dos Poderes Legislativo e Executivo. Porém, as omissões desses poderes na adoção de providências para a prestação de serviços de interesse geral representam violação ao texto constitucional. Nesse caso, cabe ao Poder Judiciário, diante do conflito de interesses, assumir, de maneira excepcional, uma postura ativa, para que inúmeras demandas sociais, que deixam de ser atendidas em razão da omissão dos poderes públicos, possam receber algumas respostas.[257]

---

(256) Entende-se por políticas públicas o conjunto de programas e ações conduzidos pelo Estado, diretamente ou indiretamente, para alcançar a prestação de serviços correspondentes à efetivação dos direitos sociais, como saúde, educação e trabalho. PEREIRA, Ricardo José Macedo de Brito. *Ação civil pública no processo do trabalho*, p. 196.
(257) PEREIRA, Ricardo José Macedo de Brito. *Ação civil pública no processo do trabalho*, p. 196.

Na esfera trabalhista, acrescenta-se a possibilidade de que, por meio deste instrumento processual da ação civil pública, poderá ser determinado aos empregadores de uma determinada categoria, implantação de política pública interna para melhorar o meio ambiente de trabalho interna e externamente beneficiando inclusive a sociedade ao redor, por exemplo.

Especialmente em relação ao Ministério Público, devido à legitimidade ativa conferida pela LACP, pode-se entender que a própria Constituição Federal atribui ao *parquet* a possibilidade de que, não sendo possível por meio da via extrajudicial atender e garantir serviços públicos e direitos previstos na Constituição, poderá adotar as medidas necessárias com tal objetivo.[258] Nesse sentido, colaciona-se julgado importante do Tribunal Superior do Trabalho:

> RECURSO DE REVISTA. AÇÃO CIVIL PÚBLICA. COMPETÊNCIA DA JUSTIÇA DO TRABALHO. EFETIVAÇÃO DE PRINCÍPIOS E REGRAS CONSTITUCIONAIS E INTERNACIONAIS RATIFICADOS, RELATIVOS À PESSOA HUMANA E ÀS RELAÇÕES DE TRABALHO. TRABALHO DECENTE E COMBATE IMEDIATO E PRIORITÁRIO AO TRABALHO INFANTIL E ÀS PIORES FORMAS DE TRABALHO DO ADOLESCENTE. OIT: CONSTITUIÇÃO DE 1919; DECLARAÇÃO DA FILADÉLFIA DE 1944; DECLARAÇÃO DE PRINCÍPIOS E DIREITOS FUNDAMENTAIS NO TRABALHO DE 1998; CONVENÇÃO N. 182 DA OIT. EFETIVIDADE JURÍDICA NO PLANO DAS RELAÇÕES DE TRABALHO. A Constituição da República Federativa do Brasil de 1988 e a Organização Internacional do Trabalho, por meio de vários de seus documentos normativos cardeais (Constituição de 1919; Declaração da Filadélfia de 1944; Declaração de Princípios e Direitos Fundamentais no Trabalho de 1998; Convenção n. 182) asseguram, de maneira inarredável, a dignidade da pessoa humana, a valorização do trabalho e do emprego, a implementação de trabalho efetivamente decente para os seres humanos, a proibição do trabalho da criança e o combate imediato e prioritário às piores formas de trabalho do adolescente. **O Estado Democrático de Direito — estruturado pela Constituição da República e que constitui também o mais eficiente veículo para implementar esses comandos do Texto Máximo da República e dos documentos normativos da OIT — impõe ao Poder Público a adoção de medidas normativas e administrativas para o cumpri-**

---

(258) Nesse sentido, BRASIL. Constituição (1988). *Constituição da República Federativa do Brasil*. Brasília: Senado Federal, 1988: Art. 129, II — Art. 129. São funções institucionais do Ministério Público: (...) II — zelar pelo efetivo respeito dos Poderes Públicos e dos serviços de relevância pública aos direitos assegurados nesta Constituição, promovendo as medidas necessárias a sua garantia.

mento prioritário dessas normas constitucionais e internacionais ratificadas e absolutamente imperativas. A lesão ao direito difuso de crianças e adolescentes, manifestamente desrespeitado no Município, submetidos a relações de trabalho flagrantemente proibidas ou gravemente irregulares, pode ser levada ao Poder Judiciário, mediante Ação Civil Pública, pelo Ministério Público do Trabalho (art. 5º, XXXV, CF; art. 129, I, II e III, CF), sendo competente a Justiça do Trabalho para conhecer e julgar a ACP (art. 114, I e IX, CF). O fulcro da lide são as relações de trabalho irregulares, ao passo que o Município é potencial devedor de medidas públicas eficazes para sanar ou reduzir a lesão — circunstâncias que enquadram, inapelavelmente, o litígio nos marcos da competência da Justiça do Trabalho. Recurso de revista conhecido e provido. RECURSO DE REVISTA. AÇÃO CIVIL PÚBLICA. COMPETÊNCIA DA JUSTIÇA DO TRABALHO. IMPLEMENTAÇÃO DE POLÍTICAS PÚBLICAS QUE VISAM À ERRADICAÇÃO DO TRABALHO INFANTIL. EFETIVIDADE DE DIREITOS SOCIAIS. O Direito do Trabalho é campo decisivo no processo de inserção justrabalhista no universo geral do Direito, tendo a Constituição da República firmado o conceito e a estrutura normativos do Estado Democrático de Direito, em que ocupam posições cardeais a pessoa humana e sua dignidade, juntamente com a valorização do trabalho. Cabe à Justiça do Trabalho cumprir o estratégico objetivo de cimentar as balizas de atuação dos distintos atores sociais e estatais, assegurando a efetividade da ordem jurídica de Direito Material. Resta claro, portanto, que a erradicação do trabalho infantil é medida de manifesto interesse ao Direito do Trabalho e, com igual razão, ao campo de atuação do Ministério Público do Trabalho. No presente caso, discute-se pedido decorrente de relação de trabalho que visa à implantação de políticas públicas, pelo Município de Codó, no tocante ao combate ao trabalho infantil e a outras formas degradantes de trabalho. A atuação do Poder Judiciário, em caso de omissão do administrador público para a implementação de tais políticas públicas previstas na CF, insere-se na competência material da Justiça do Trabalho, definida em razão da matéria, nas hipóteses disciplinadas no art. 114, I a IX, da CF. Precedentes do STF. Recurso de revista conhecido e provido.[259] (grifos nossos)

---

(259) TRIBUNAL SUPERIOR DO TRABALHO. *Jurisprudência*. RR 0075700-37.1010.5.16.0009 — Rel. Maurício Godinho Delgado. Julgado em 17.9.2013, 3ª Turma. Publicado em 20.9.2013. Disponível em: <https://aplicacao5.tst.jus.br/consultaProcessual/consultaTstNumUnica.do?consulta=Consultar&conscsjt=&numeroTst=0075700&digitoTst=37&anoTst=2010&orgaoTst=5&tribunalTst=16&varaTst=0009&submit=Consultar>. Acesso em: 22.10.2014.

O julgamento envolveu caso de desrespeito a direitos difusos de crianças e adolescentes, as quais estavam sendo submetidas a condições degradantes de trabalho sem que o município de Codó no Estado do Maranhão, onde havia a prestação de serviços irregular, tomasse atitudes fiscalizatórias e punitivas. Na verdade, pela leitura do acórdão, nota-se que o *parquet* busca no Poder Judiciário a condenação de vários Municípios em obrigação de fazer, no sentido de adotar políticas públicas para erradicar o trabalho infantil. Nesse caso, com amparo na legislação nacional e diplomas internacionais ratificados pelo Brasil defendendo a proteção aos direitos fundamentais, à dignidade da pessoa humana, a valorização do trabalho e emprego, a efetivação do trabalho decente aos seres humanos, a proibição do trabalho da criança e o imediato combate às piores formas de trabalho do adolescente, o *parquet*, pela ação civil pública, deve levar ao Poder Judiciário para garantir a aplicação dos **direitos** e garantias fundamentais dos trabalhadores.

Nota-se que a finalidade da ação civil pública trabalhista é beneficiar a sociedade, garantindo aplicação dos direitos difusos, coletivos e individuais homogêneos dos trabalhadores, assegurados na legislação brasileira e mundial reconhecida e ratificada pelo Brasil. Refere-se novamente como finalidade o interesse público, direitos de terceira dimensão, aqueles conhecidos como direitos de solidariedade ou de fraternidade. Estes, constitucionalmente reconhecidos em um país constituído pelo Estado democrático de direito.

### 3.4. Competência na ação civil pública trabalhista

Ao analisar os critérios para definir a competência para processar e julgar a ação civil pública na Justiça do Trabalho, nota-se que não há grandes divergências, ou se houver já foram superadas, devido às previsões expressas da legislação brasileira. No direito pátrio, há norma expressa de competência em razão da matéria e da pessoa, em razão do local ou território, e em razão da função. As competências em razão da matéria, da pessoa e da função são absolutas, já a competência territorial pode ser relativizada conforme se observará no desenvolvimento do texto.

A competência em razão da matéria é fixada por meio de elementos que irão compor a petição inicial de uma ação civil pública, ou seja, a causa de pedir e o próprio pedido em si. Nesse sentido, explica Carlos Henrique Bezerra Leite:

> A causa de pedir, por sua vez, compreende a causa de pedir remota e a causa de pedir próxima. A primeira finca-se na própria relação jurídica de emprego; já a outra, na alegação do autor de inadimplemento, pelo réu, da obrigação ou dever legal ou contratual emergente daquela relação.

O pedido, de outra parte, deve ser considerado sob os aspectos mediato e imediato. Neste, o autor almeja uma providência jurisdicional, de maneira única e determinada. [...] Naquele, a pretensão autoral reside na entrega do bem da vida, na composição ou na recomposição da relação jurídica e/ou na declaração de certeza ou incerteza a respeito dessa mesma relação, quando se cuida, respectivamente, de ações condenatória, constitutiva ou declaratória.

Na ação civil pública trabalhista, a causa de pedir remota, a exemplo do que ocorre com o dissídio individual comum, repousa na relação de emprego ou relação de trabalho (art. 114 da CF), sendo certo que a causa de pedir próxima decorre, diferentemente daquele, da afetação de direitos coletivamente considerados [...].[260]

Convergindo no mesmo sentido e também fazendo referência ao Código de Defesa do Consumidor, até porque é importante novamente ressaltar sem perder de vista o verdadeiro objeto que deve ser postulado pela via da ação civil pública, aduz Eduardo Henrique Raymundo Von Adamovich que

> A matéria em que se pode pensar na competência da Justiça do Trabalho na ação civil pública são os direitos difusos, coletivos e individuais homogêneos dentro dos limites do art. 114 da Constituição.[261]

O ponto que talvez traga a maior controvérsia, pelo menos doutrinária, é em relação à competência funcional e territorial para processar e julgar a ação civil pública trabalhista.

Para Ives Gandra Martins Filho, afirmando haver semelhança da ação civil pública com o dissídio coletivo, a competência originária deveria ser dos Tribunais Regionais ou do Tribunal Superior do Trabalho conforme a abrangência da lesão aos direitos trabalhistas.[262]

Em sentido oposto, Carlos Henrique Bezerra Leite, fazendo referência à própria Lei n. 7.347/85, e dizendo que a semelhança da ação civil pública com os dissídios coletivos termina se avaliada a eficácia da sentença (pois neste não será condenatória, ao passo que naquela sim), afirma ser a competência originária para processar e julgar a ação civil pública das Varas do Trabalho, uma vez que a sentença que se busca é de natureza condenatória por tratar-se de ação de responsabilidade por danos morais e patrimoniais causados a bens ou interesses metaindividuais nos termos do art. 1º da LACP. Também resta expresso que tal demanda poderá ter condenação em dinheiro ou ao cumpri-

---

(260) LEITE, Carlos Henrique Bezerra. *Ação civil pública na perspectiva dos direitos humanos*, p. 112.
(261) VON ADAMOVICH, Eduardo Henrique Raymundo. *Sistema da ação civil pública no processo do trabalho*, p. 180.
(262) Cf. MARTINS FILHO, Ives Gandra da Silva. *Processo coletivo do trabalho*. 2. ed. São Paulo: LTr, 1996. p. 167-8.

mento de obrigação de fazer ou não fazer conforme dispõe o art. 3º da mesma lei. Refere ainda o autor, indicado a legislação trabalhista combinada com dispositivo da LACP (art. 651 da CLT c/c art. 2º da LACP), que a competência territorial das Varas do Trabalho é determinada, salvo exceções expressas da lei, pelo local da prestação de serviços.[263]

Após desenvolver estudo sobre a divergência acima relatada, Rodolfo de Camargo Mancuso conclui no sentido de que a competência originária para processar e julgar ação civil pública é realmente das Varas do Trabalho. Nesse sentido, afirma o referido autor:

> Considerados os valiosos argumentos em favor de uma e outra dessas teses conflitantes, parece-nos que razões mais ponderosas militam em prol do entendimento pelo qual a ação civil pública trabalhista fica melhor ubicada na competência das Juntas de Conciliação e Julgamento, mormente se pensarmos no princípio do juiz natural, na necessária preservação do duplo grau de jurisdição, na atecnia de uma extensão analógica em matéria de competência absoluta, e, enfim, na conveniência de que uma ação de rito ordinário, permeada de fatos relevantes e complexas questões jurídicas, passe antes pelo processo de "depuração" típico do primeiro grau de jurisdição, antes de subir ao reexame do Tribunal.[264]

Outra situação que poderia gerar divergências sobre a competência territorial são os limites subjetivos da coisa julgada. Porém, sem prejuízo do desenvolvimento teórico que se fará mais adiante no presente estudo, refere-se o sistema integrado para defesa dos direitos metaindividuais entre a LACP e o CDC. Nesse sentido, resta expresso o seguinte texto no art. 93 do CDC:

> **Art. 93.** Ressalvada a competência da Justiça Federal, é competente para a causa a justiça local:
>
> I — no foro do lugar onde ocorreu ou deva ocorrer o dano, quando de âmbito local;
>
> II — no foro da Capital do Estado ou no do Distrito Federal, para os danos de âmbito nacional ou regional, aplicando-se as regras do Código de Processo Civil aos casos de competência concorrente.[265]

---

(263) Cf. LEITE, Carlos Henrique Bezerra. *Ação civil pública na perspectiva dos direitos humanos*, p. 113.
(264) MANCUSO, Rodolfo de Camargo. Ação civil pública: análise de alguns pontos controvertidos. *Revista dos Tribunais*, v. 732, p. 11, out. 1996 e *Doutrinas Essenciais de Direito do Trabalho e da Seguridade Social*, v. 4, p. 1353, set. 2012. DTR\1996\464.
(265) BRASIL. Lei n. 8.078, de 11 de setembro de 1990. Dispõe sobre a proteção do consumidor e dá outras providências.

Sobre a norma transcrita, explica Carlos Henrique Bezerra Leite:

> Assim, se a lesão perpetrada aos direitos ou interesses difusos, coletivos ou individuais homogêneos, extrapolar a base territorial de uma Vara do Trabalho, competente para a ação civil pública trabalhista será uma das Varas do Trabalho da Capital do Estado. Se a lesão ultrapassar o âmbito da jurisdição de um Estado (ou de Tribunal Regional do Trabalho), a competência territorial e funcional deslocar-se-á para uma das Varas do Trabalho do Distrito Federal.[266]

A jurisprudência do Tribunal Superior do Trabalho, analisando a LACP e o CDC, também já se posicionou atribuindo a competência originária para propor ação civil pública nas Varas do Trabalho, senão vejamos:

> AÇÃO CIVIL PÚBLICA. COMPETÊNCIA FUNCIONAL. VARA DO TRABALHO. A ação civil pública é de natureza ordinária e individual, pois envolve a aplicação de legislação existente, o que implica dizer que quem tem competência para apreciá-la originariamente é, em virtude do critério da hierarquia, a Vara do Trabalho. Considerando que não há na Justiça do Trabalho lei que regule ação civil pública, aplica-se por analogia a Lei n. 8.078/90 (Código de Defesa do Consumidor), cujo art. 93 declara, ressalvando a competência da Justiça Federal, que o foro é o do lugar em que ocorreu o dano, quando o dano é de âmbito local, e da capital do estado ou do Distrito Federal quando o dano é de âmbito regional ou nacional. Assim, a 1ª Vara do Trabalho de Jundiaí/SP é competente para apreciar e julgar a presente ação. Acresça-se que a Lei n. 7.347/85 (ação civil pública), com a redação da Medida Provisória n. 1.570-5/97, convertida na Lei n. 9.494, de 10 de setembro de 1997, não alterou a competência originária na hipótese de apreciação de lesões a interesses coletivos de uma mesma categoria. O legislador apenas se refere aos limites subjetivos da coisa julgada, destacando que, após ser conhecida e julgada a causa coletiva com observância das regras determinadoras da competência, a sentença civil terá eficácia e autoridade *erga omnes*.[267]

O Pretório Excelso trabalhista, reconhecendo a ausência de legislação específica reguladora da ação civil pública trabalhista, por meio da Subseção de Dissídios Individuais 2, positivou entendimento consolidado na Orientação

---

(266) LEITE, Carlos Henrique Bezerra. *Ação civil pública na perspectiva dos direitos humanos*, p. 122.
(267) TRIBUNAL SUPERIOR DO TRABALHO. *Jurisprudência*. Processo: ACP — 754436-95.2001.5.55.5555. Data de julgamento: 5.2.2002. Relator Min. Ronaldo Alves Leal. SBDI-2. Publicado em 15.3.2002. Disponível em: <http://www.tst.jus.br/consulta-unificada>. Acesso em: 18.10.2014.

Jurisprudencial n. 130 com o seguinte texto, **que aplica com restrição o art. 93 do CDC:**

> 130. AÇÃO CIVIL PÚBLICA. COMPETÊNCIA. LOCAL DO DANO. LEI N. 7.347/1985, ART. 2º DO CÓDIGO DE DEFESA DO CONSUMIDOR, ART. 93 (redação alterada na sessão do Tribunal Pleno realizada em 14.9.2012) — Res. n. 186/2012, DEJT divulgado em 25, 26 e 27.9.2012
>
> I — A competência para a Ação Civil Pública fixa-se pela extensão do dano.
>
> II — Em caso de dano de abrangência regional, que atinja cidades sujeitas à jurisdição de mais de uma Vara do Trabalho, a competência será de qualquer das varas das localidades atingidas, ainda que vinculadas a Tribunais Regionais do Trabalho distintos.
>
> III — Em caso de dano de abrangência suprarregional ou nacional, há competência concorrente para a Ação Civil Pública das varas do trabalho das sedes dos Tribunais Regionais do Trabalho.
>
> IV — Estará prevento o juízo a que a primeira ação houver sido distribuída.[268]

Sobre as alterações, explica Ricardo José Macedo de Brito Pereira:

> O equívoco residia justamente em considerar competente o Foro do Distrito Federal em situações de dano suprarregional, ainda que o dano não ocorresse no Distrito Federal. Tal entendimento, baseado em leitura possível e isolada do art. 93 do CDC, acabou por desprezar o art. 2º da Lei n. 7.347/1985.[269]

Dessa forma, a partir do ano de 2012, o Tribunal Superior do Trabalho passou a reformar suas decisões no que diz respeito à competência funcional

---

[268] Redação original: DJ 4.5.2004. N. 130. Ação civil pública. Competência territorial. Extensão do dano causado ou a ser reparado. Aplicação analógica do art. 93 do código de defesa do consumidor. Para a fixação da competência territorial em sede de ação civil pública, cumpre tomar em conta a extensão do dano causado ou a ser reparado, pautando-se pela incidência analógica do art. 93 do Código de Defesa do Consumidor. Assim, se a extensão do dano a ser reparado limitar-se ao âmbito regional, a competência é de uma das varas do trabalho da capital do estado; se for de âmbito suprarregional ou nacional, o foro é o do Distrito Federal. Disponível em: <http://www3.tst.jus.br/jurisprudencia/OJ_SDI_2/n_S6_121.htm#tema130>. Acesso em: 18.10.2014.
[269] PEREIRA, Ricardo José Macedo de Brito. *Ação civil pública no processo do trabalho*, p. 236.

e territorial da Justiça do Trabalho, adotando as alterações da OJ n. 130 da SBDI-2. Vejam-se julgados:

> II — RECURSO DE REVISTA. AÇÃO CIVIL PÚBLICA. LIMITES SUBJETIVOS DA COISA JULGADA. A despeito da restrição imposta ao alcance da coisa julgada em sede de ação civil pública, inexiste razão que aconselhe a restrição aos limites da competência territorial do órgão prolator da decisão. Isso porque a imutabilidade do julgado, para efeito de seus limites subjetivos, não exerce influência sobre a competência territorial, instituto de larga distinção, até porque, do contrário, estar-se-ia repelindo o propósito da ação coletiva, consubstanciado quer na ampliação do acesso ao Poder Judiciário, quer na redução de demandas individuais, aspectos que enaltecem a própria natureza dos direitos difusos e coletivos. A toda evidência, a eficácia da coisa julgada em ação civil pública desborda dos limites territoriais adstritos à autoridade prolatora da decisão, especialmente diante do conceito de unidade da jurisdição, cujo conteúdo legitima a prestação jurisdicional. Nesse cenário, os limites territoriais, em sede de ação coletiva, ultrapassam a restrição disciplinada no art. 16 da Lei n. 7.347/85, para, sob o enfoque do princípio da proteção à coletividade, conquistar o território nacional. Recurso de revista conhecido e provido.[270]
>
> RECURSO DE REVISTA. AÇÃO CIVIL PÚBLICA. PRELIMINAR DE INCOMPETÊNCIA DAS VARAS DO TRABALHO DE CURITIBA. PRETENSÃO DE ABRANGÊNCIA NACIONAL. A arguição de incompetência das Varas do Trabalho de Curitiba para julgar a ação civil pública, somente por ocasião do recurso de revista, afigura-se preclusa, porquanto não arguida, no momento processual oportuno, a exceção declinatória de foro, operando-se, assim, o fenômeno da prorrogação da competência. Preclusa a matéria, não há margem para se reconhecer a afronta aos arts. 5º, LIII e LIV, da CF/88, 86 e 113 c/c 301, II, do CPC, 2º da LACP e 93 do CDC, bem como o pronunciamento desta Corte sobre a Orientação Jurisprudencial n. 130 da SBDI-2 do TST.[271]

---

(270) TRIBUNAL SUPERIOR DO TRABALHO. *Jurisprudência.* Processo — 3022-84.2010.5.04.0000. Data de julgamento: 8.2.2012. Relator Min. Alberto Luiz Bresciani de Fontan Pereira. 3ª Turma. Publicado em 2.10.2012. Disponível em: <http://www.tst.jus.br/consulta-unificada>. Acesso em: 18.10.2014.
(271) TRIBUNAL SUPERIOR DO TRABALHO. *Jurisprudência.* Processo — 9890500-89.2004.5.09.0007. Data de julgamento: 9.10.2013. Relator Min. Walmir Oliveira da Costa. 1ª Turma. Publicado em 18.10.2013. Disponível em: <http://www.tst.jus.br/consulta-unificada>. Acesso em 18.10.2014.

Portanto, após análise doutrinária e jurisprudencial, verifica-se que, mesmo na aplicação conjunta e ampliativa da LACP e do CDC, há relativização do art. 93 do CDC em relação à competência funcional e territorial da Justiça do Trabalho para propositura da ação civil pública.

## 3.5. Legitimidade ativa e passiva na ação civil pública trabalhista: enfoque especial ao ministério público do trabalho

O assunto que envolve a temática da legitimidade ativa e passiva da ação civil pública no processo trabalhista é de extrema importância, tendo em vista que ultrapassa o interesse individual e tradicional do processo. O tema também já foi abordado no Capítulo II do presente estudo, motivo pelo qual será dado nesse tópico um enfoque específico ao judiciário trabalhista, uma vez que todas as disposições anteriores, no que diz respeito à legitimação ordinária e extraordinária, também se aplicam ao processo laboral.

Ressalta-se posição de Eduardo Henrique Raymundo Von Adamovich, ao afirmar que o Ministério Público do Trabalho possui legitimidade ordinária autônoma concorrente com os demais legitimados.[272] Porém, entende-se que a diferenciação apontada por Carlos Henrique Bezerra Leite referida no capítulo anterior, melhor atende à didática do assunto. Dessa forma, diz-se que "A legitimidade *ad causam* pode ser ordinária ou extraordinária. Para o primeiro caso, atribui-se aos próprios titulares dos interesses conflitantes, isto é, os sujeitos da lide".[273] Já no segundo caso, regra especialmente destinada aos direitos difusos e coletivos, ocorre quando em determinadas circunstâncias pessoas ou entes autorizados por lei[274], figuram no processo em nome próprio, porém na defesa de direito alheio.[275] A legitimidade extraordinária também se subdivide em *exclusiva* no caso de a lei reservar com exclusividade ao legitimado extraordinário atuar em juízo, e concorrente, quando houver autorização ao titular do direito e ao legitimado extraordinariamente.[276]

Ressalte-se ainda, dentro das definições de legitimidade extraordinária, as regras de substituição processual, da qual se cita como exemplo a legitimidade

---

(272)  Cf. VON ADAMOVICH, Eduardo Henrique Raymundo. *Sistema da ação civil pública no processo do trabalho*, p. 237.
(273)  LEITE, Carlos Henrique Bezerra. *Ação civil pública na perspectiva dos direitos humanos*, p. 197.
(274)  Regra prevista no *CPC, art. 6º* Ninguém poderá pleitear, em nome próprio, direito alheio, salvo quando autorizado por lei.
(275)  *Ibidem*, p. 198.
(276)  Cf. MATTE, Maurício. Ação civil pública: tutela de interesses ou direitos difusos e coletivos *stricto sensu*. In: *Processos coletivos*. Porto Alegre: HS, 2012. p. 117.

do Ministério Público do Trabalho para propor ação civil pública na defesa dos interesses individuais homogêneos dos trabalhadores.[277]

Em relação à legitimidade ativa para propor a demanda no judiciário trabalhista, a única controvérsia que poderia existir no que diz respeito aos legitimados da Justiça Comum seria em relação à propositura da ação civil pública pelo Ministério Público do Trabalho. Ainda sim, tal divergência esgotou-se de maiores questionamentos após a publicação da Lei Complementar n. 75/93 (Lei Orgânica do Ministério Público da União — LOMPU).

A referida norma traz expressamente em seu art. 83, inciso III, a legitimidade do Ministério Público do Trabalho para propor ação civil pública no âmbito da Justiça do Trabalho, para defesa de interesses coletivos, quando desrespeitados os direitos sociais constitucionalmente garantidos.[278] No que diz respeito aos direitos difusos não referidos pelo dispositivo, supre-se a lacuna com aplicação do parágrafo único do art. 81 do CDC, uma vez que se adotam as diretrizes da Teoria Ampliativa de aplicação da legislação conjunta em prol dos jurisdicionados conforme prescreve a obra de Carlos Henrique Bezerra Leite, base deste estudo. Do contrário, como afirma o autor, poderia causar ao MPT uma *capitis diminutio* em relação aos outros seguimentos do Ministério Público.[279]

Ainda que o dispositivo pudesse também causar desconforto sobre a possibilidade de o Ministério Público do Trabalho propor ação civil pública em defesa dos direitos individuais homogêneos, a própria Lei Complementar em seu art. 84, o qual remete para o art. 6º, onde se prevê expressamente a legitimidade do Ministério Público da União (do qual faz parte o Ministério Público do Trabalho), para promover o inquérito civil e a ação civil pública para a defesa, entre outros, dos interesses individuais homogêneos.[280]

Há de se ressaltar também que o Tribunal Superior do Trabalho pacificou entendimento de que, independentemente de serem os interesses ou direitos individuais homogêneos disponíveis ou não, também há legitimidade do

---

(277) BRASIL. Lei Complementar n. 75, de 20 de maio de 1993. Dispõe sobre a organização, as atribuições e o estatuto do Ministério Público da União. Arts. 83 e 84.
(278) BRASIL. Lei Complementar n. 75, de 20 de maio de 1993. Dispõe sobre a organização, as atribuições e o estatuto do Ministério Público da União. *Art. 83.* Compete ao Ministério Público do Trabalho o exercício das seguintes atribuições junto aos órgãos da Justiça do Trabalho: (...) *III* — promover a ação civil pública no âmbito da Justiça do Trabalho, para defesa de interesses coletivos, quando desrespeitados os direitos sociais constitucionalmente garantidos.
(279) Cf. LEITE, Carlos Henrique Bezerra. *Ação civil pública na perspectiva dos direitos humanos*, p. 212-213.
(280) Cf. PEREIRA, Ricardo José Macedo de Brito. *Ação civil pública no processo do trabalho*, p. 204-5.

Ministério Público para propor a ação civil pública no âmbito da Justiça do Trabalho. Nesse sentido, julgamento ocorrido no ano de 2006:

> MINISTÉRIO PÚBLICO DO TRABALHO. LEGITIIDADE ATIVA. AÇÃO CIVIL PÚBLICA. DIREITOS INDIVIDUAIS HOMOGÊNEOS. INTERESSE SOCIAL RELEVANTE. 1. Na dicção da jurisprudência corrente do Supremo Tribunal Federal, os direitos individuais homogêneos nada mais são do que direitos coletivos em sentido lato, uma vez que todas as formas de direitos metaindividuais (difusos, coletivos e individuais homogêneos), passíveis de tutela mediante ação civil pública, são coletivas. 2. Considerando-se interpretação sistêmica e harmônica dos arts. 6º, VII, letras *c* e *d*, 83 e 84 Lei Complementar n. 75/93, não há como negar a legitimidade do Ministério Público do Trabalho para tutelar direitos e interesses individuais homogêneos, sejam eles indisponíveis ou disponíveis. Os direitos e interesses individuais homogêneos disponíveis, quando coletivamente demandados em juízo, enquadram-se nos interesses sociais referidos no art. 127 da Constituição Federal. 3. O Ministério Público detém legitimidade para tutelar judicialmente interesses individuais homogêneos, ainda que disponíveis, ante o notório interesse geral da sociedade na proteção do direito e na solução do litígio deduzido em juízo. Verifica-se, ademais, que o interesse social a requerer tutela coletiva decorre também dos seguintes imperativos: facilitar o acesso à Justiça; evitar múltiplas demandas individuais, prevenindo, assim, eventuais decisões contraditórias, e evitar a sobrecarga desnecessária dos órgãos do Poder Judiciário. 4. Solução que homenageia os princípios da celeridade e da economia processuais, concorrendo para a consecução do imperativo constitucional relativo à entrega da prestação jurisdicional em tempo razoável. 5. Recurso de embargos conhecido e provido.[281]

Entende o Tribunal Superior do Trabalho que, em se tratando de interesses socialmente relevantes, independente de serem disponíveis ou não, há legitimidade do *parquet* para propor a ação. Por outro lado, também adotando os estudos de Carlos Henrique Bezerra Leite em referência à chamada teoria eclética, quando se tratar de interesses ou direitos individuais homogêneos disponíveis, havendo repercussão social em razão do elevado número de seus titulares, há exigência da interferência do Ministério Público do Trabalho

---

(281) TRIBUNAL SUPERIOR DO TRABALHO. *Jurisprudência*. Processo — 411489-59.1997.5.22.5555. Data de julgamento: 7.11.2006. Relator Min. Lélio Bentes Corrêa. SBDI-1. Publicado em 7.12.2007. Disponível em: <http://www.tst.jus.br/consulta-unificada>. Acesso em: 18.10.2014.

como legitimado ativo. Novamente ainda refere-se no mesmo caso aplicação da teoria ampliativa antes mencionada.[282]

O que há de se apontar como fato extremamente relevante para os fins do presente estudo é o fato de que, especialmente nesse tópico de legitimidade *ad causam* do Ministério Público do Trabalho na defesa dos interesses metaindividuais dos trabalhadores, está-se falando de direitos e garantias fundamentais conforme preceitos constitucionais já referidos quando feitos os apontamentos sobre o objeto da ação civil pública trabalhista, especialmente sobre a abertura material dos direitos fundamentais de acordo com os arts. 5º, § 2º, e 7º, *caput* da CF/88, abordada por Ingo Wolfgang Sarlet. Nesse sentido, afirma Carlos Henrique Bezerra Leite que não se discute a legitimidade ativa do *parquet* trabalhista, pois além de direitos sociais, os interesses individuais homogêneos trabalhistas são, em princípio, indisponíveis.[283]

O posicionamento jurisprudencial acima transcrito na ementa do Tribunal Superior do Trabalho, também é ratificado pelo entendimento do Supremo Tribunal Federal. Veja-se julgado:

> PROCESSUAL CIVIL. AGRAVO REGIMENTAL NO RECURSO EXTRAORDINÁRIO. AÇÃO CIVIL PÚBLICA. DEFESA DE INTERESSES INDIVIDUAIS HOMOGÊNEOS DISPONÍVEIS. LEGITIMIDADE ATIVA DO MINISTÉRIO PÚBLICO. PRECEDENTES. 1. O Ministério Público possui legitimidade para propor ação civil coletiva em defesa de interesses individuais homogêneos de relevante caráter social, ainda que o objeto da demanda seja referente a direitos disponíveis (RE 500.879-AgR, Rel. Min. Cármen Lúcia, Primeira Turma, DJe de 26.5.2011; RE 472.489-AgR, Rel. Min. Celso de Mello, Segunda Turma, DJe de 29.8.2008). 2. Agravo regimental a que se nega provimento.[284]

O Ministério Público do Trabalho não impedirá ainda a legitimidade de terceiros conforme disposto no § 1º do art. 129 da CF/88.[285] Nesse sentido, Carlos Henrique Bezerra Leite afirma que

---

(282) Cf. LEITE, Carlos Henrique Bezerra. *Ação civil pública na perspectiva dos direitos humanos*, p. 227-260.
(283) *Ibidem*, p. 255.
(284) RE 401.482 AgR. Rel. Min. Teori Zavascki. 2ª Turma. Julgado em 4.6.2013. Publicado em 21.6.2013. Disponível em: <file:///C:/Users/Juliano/Downloads/texto_150466522.pdf>. Acesso em 18.10.2014.
(285) BRASIL. Constituição. *Constituição da República Federativa do Brasil*. Brasília: Senado Federal, 1988. Art. 129. São funções institucionais do Ministério Público: (...) III — promover o inquérito civil e a ação civil pública, para a proteção do patrimônio público e social, do meio ambiente e de outros interesses difusos e coletivos; (...) § 1º A legitimação do Ministério Público para as ações civis previstas neste artigo não impede a de terceiros, nas mesmas hipóteses, segundo o disposto nesta Constituição e na lei.

"(...) a legitimação ativa *ad causam* emerge da aplicação conjunta da CF (art. 129, III, e seu parágrafo), da LACP (art. 5º), do CDC (art. 82), da LOMPU (art. 6º, VII) (...). Isso significa, em síntese, que são legitimados para a Ação: a) O Ministério Público (da União e dos Estados, art. 128 da CF); b) a União, os Estados, o Distrito Federal e os Municípios; c) as entidades e órgãos da Administração Pública, direta ou indireta, ainda que sem personalidade jurídica, especificamente destinados à defesa dos interesses metaindividuais; d) a Defensoria Pública (Lei n. 11.448/2007); e) o Conselho Federal da OAB (Lei n. 8.906/94, art. 54, XIV); f) as associações legalmente constituídas a pelo menos um ano e que incluam entre seus fins institucionais, a defesa dos interesses metaindividuais, podendo, no entanto, o requisito da pré-constituição ser dispensado pelo juiz, quando haja manifesto interesse social evidenciado pela dimensão ou característica do dano, ou pela relevância do bem jurídico a ser protegido.[286]

O mesmo autor citado acima ainda refere com certo espanto que o ordenamento jurídico pátrio adotou critério objetivo de legitimados ativos, sendo no entanto que para a legitimidade passiva qualquer pessoa física ou jurídica, de direito público ou privado, poderá figurar como ré ou corré no processo. Salienta ainda que, na ação civil pública proposta em busca da tutela de direitos metaindividuais, o autor poderá agir na qualidade de legitimado autônomo para a condução do processo ou como substituto processual. Na primeira hipótese, atua na defesa dos interesses difusos e coletivos, já na segunda defendendo os individuais homogêneos.[287]

Há de se referir um destaque especial ao Ministério Público, tendo em vista que tal órgão sempre atuará nas ações civis públicas propostas no judiciário comum ou trabalhista conforme previsão legal do § 1º do art. 5º da LACP, norma que determina a participação obrigatória do *parquet* como parte ou fiscal da lei (*custus legis*).[288]

A importância do Ministério Público no acompanhamento de ações judiciais que postulam direitos sociais, especialmente os garantidos aos trabalhadores de caráter fundamental, coletivas ou não, é fato que vem ganhando notório respaldo legal também na Europa. Há pouco tempo foi publicada nova

---

(286) LEITE, Carlos Henrique Bezerra. *Ação civil pública na perspectiva dos direitos humanos*, p. 110-111.
(287) *Ibidem*, p. 111.
(288) BRASIL. Lei n. 7.347, de 24 de julho de 1985. Disciplina a ação civil pública de responsabilidade por danos causados ao meio ambiente, ao consumidor, a bens e direitos de valor artístico, estético, histórico, turístico e paisagístico (VETADO) e dá outras providências. *Art. 5º* (...) *§ 1º* O Ministério Público, se não intervier no processo como parte, atuará obrigatoriamente como fiscal da lei.

instrução normativa na Espanha (Instrución n. 4/2012) dispondo sobre a Lei n. 36/2011, norma que regula a jurisdição social laboral no País, aumentando o poder de intervenção do órgão fiscalizador judicial na jurisdição social, qual seja o Ministério Fiscal. Segue trecho introdutório da norma referida em demonstração das atribuições previstas ao Ministério Público da Espanha:

INSTRUCCIÓN N. 4/2012, SOBRE LA INTERVENCIÓN DEL MINISTERIO FISCAL EN LA JURISDICCIÓN SOCIAL

La Ley n. 36/2011, de 10 de octubre, reguladora de la Jurisdicción Social (en adelante LRJS), ha derogado el Real Decreto Legislativo n. 2/1995, de 7 de abril, por el que se aprueba el Texto Refundido de la Ley de Procedimiento Laboral. Esta modificación legislativa afecta a las funciones del Ministerio Fiscal en el ámbito social siempre que amplía su intervención de esta institución en el orden social.

Tal ampliación se anuncia en el Preámbulo del nuevo texto normativo, donde se expresa que en el ámbito del recurso de casación para la unificación de doctrina, se faculta al Ministerio Fiscal para su planteamiento a instancia de asociaciones empresariales o sindicales y entidades públicas en defensa de la legalidad y sin la necesidad de que concurra el presupuesto de contradicción entre sentencias. Se amplía de esta forma el ámbito de las materias que podrán ser unificadas, además de dotar de una mayor celeridad al procedimiento.

La expresada reforma también clarifica y amplia la participación del Ministerio Fiscal en materia de derechos fundamentales, atribuyéndole nuevas facultades en materia de impugnación de convenios. Además, como

> consecuencia de la reforma de la preparación del recurso de casación ordinaria, también se da entrada a los fiscales de los Tribunales superioresde Justicia en su tramitación.

Todo ello hace necesario que se fijen los criterios de actuación del Ministerio Fiscal en estas materias, lo que se realiza por medio de la presente Instrucción.[289]

---

[289] TORMO, Mercedes Boronat. Algunas novedades del procedimiento de tutela de derechos fundamentales en la nueva LRJS. *El Derecho*. Disponível em: <https://www.fiscal.es/fiscal/PA_WebApp_SGNTJ_NFIS/descarga/INSTRUCCI%C3%93N%204-2012%20.pdf?idFile=49da-4c32-a9d1-4e7b-b491-efa28078d661>. Acesso em 18.10.2014.

Ainda na Espanha, ressaltando a importância da atuação do Ministério Público (ou Ministério Fiscal como conhecido), explicação em artigo publicado pela Dra. Mercedes Boronat Tormo:

## II. Papel del Ministerio Fiscal

Esta figura pública siempre ha intervenido en los procedimientos de tutela del DDFF. Su intervención deriva del papel que le atribuye su norma reguladora, que es el Estatuto Orgánico del Ministerio Fiscal, aprobado por Ley n. 50/81, de 30 diciembre — EDL 1981/3896 — y modificado por la Ley n. 24/2007, de 9 octubre — EDL 2007/158180 —, que pretendió reforzar su autonomía y modernizar su organización territorial. En concreto, en su art. 1º menciona como finalidades la de su actuar en defensa de la legalidad, de los derechos de los ciudadanos y del interés público tutelado por la Ley, de oficio o a petición de los interesados, así como velar por la independencia de los tribunales y procurar ante ellos la satisfacción del interés social.

En su art. 3,3, señala entre sus atribuciones las de velar por el respeto de las instituciones constitucionales y de los derechos fundamentales y libertades públicas con cuantas actuaciones exija su defensa, y en el mismo art. 3,10 se menciona su papel de velar por la protección procesal de las víctimas, y en el mismo 3,14 se le encomienda defender la legalidad en los procesos laborales.

La nueva ley reguladora de la Jurisdicción Social refuerza el papel del Ministerio Fiscal, en relación con este procedimiento al establecer en el art. 177,3 — EDL 2011/222121 — que siempre será parte en estos procesos en defensa de los derechos fundamentales y las libertades públicas, (esto ya lo decía el anterior art. 175,3 — EDL 1995/13689 — que regulaba el procedimiento de tutela de los Derechos de Libertad Sindical, lo que se aplicaba a todos los procedimientos de tutela de DDFF al haberlo establecido así la jurisprudencia); igualmente establece para dicha figura, siguiendo a su Estatuto orgánico -EDL 1981/3896-, la finalidad de velar especialmente por la integridad de la reparación de las víctimas; y finalmente en relación con la defensa de la legalidad establece su finalidad de "interesar, en su caso, la adopción de medidas necesarias para la depuración de las conductas delictivas" (se repite la previsión del art 175 para la tutela de los derechos de libertad sindical, pero ahora va a tener otro contenido a la vista de la actual tipificación penal del delito de acoso).

Por tanto, la novedad se centra en la finalidad de velar por la reparación íntegra de las víctimas. Pero para eso debe acudir al juicio, lo que la ley no garantiza ni exige, pues a la vista de cómo se ha venido interpretando por la jurisprudencia, es dudoso, que tal comparecencia se cumpla en todos los casos. Hasta ahora, al menos, el TS ha interpretado esa obligación de ser parte el M.F. con la mera posibilidad de su presencia. Las SSTS de 19 abril 2005, rec 855/04 — EDJ 2005/76856 —, y de 15.11.2005, rec. 4222/04 -EDJ 2005/214109-han interpretado tal obligación, en relación con la tutela judicial efectiva que, "salvo en aquellos supuestos en que la intervención del Ministerio Fiscal está vinculada a la defensa de un interés público directo en el proceso, como ocurre en el caso de la impugnación de los estatutos sindicales (Sentencia de 14 marzo 2002 — EDJ 2002/10928), la falta de citación del Ministerio Fiscal en los procesos en que la tutela reclamada se concreta en un interés de parte no debe determinar la nulidad de actuaciones, salvo que concurran las condiciones que prevé a estos efectos el art. 205,c) de la Ley de Procedimiento Laboral — EDL 1995/13689 —, es decir que: 1º) se haya formulado un motivo de casación alegando este defecto; 2º) previamente en el momento procesal adecuado se haya formulado la correspondiente denuncia y, 3º) que, como consecuencia de la ausencia del Ministerio Fiscal, haya podido producirse una real indefensión para la parte que alega la infracción.

Por tanto, si el defecto de falta de citación al MF no se denuncia en su momento, ni se protesta de su falta de citación si no se hace de oficio, no podrá prosperar la nulidad pretendida por esa ausencia, salvo que se acredite una efectiva indefensión. Si el M.F. es citado, pero no acude a juicio, su ausencia puede no implicar consecuencia alguna.[290]

No Brasil, embora a legislação expresse outros legitimados para propor ação civil pública para a proteção de direitos e interesses metaindividuais, somente em relação ao Ministério Público, e para o presente tópico, o *parquet* do Trabalho, terá atribuição de participar **obrigatoriamente** como parte ou fiscal da lei. Como dito no capítulo anterior, também o § 3º do art. 5º da LACP dispõe que, em caso de desistência infundada ou abandono da ação por associação legitimada, o Ministério Público ou outro legitimado assumirá a titularidade ativa.

---

(290) TORMO, Mercedes Boronat. Algunas novedades del procedimiento de tutela de derechos fundamentales en la nueva LRJS. *El Derecho*. Disponível em: <https://www.fiscal.es/fiscal/PA_WebApp_SGNTJ_NFIS/descarga/INSTRUCCI%C3%93N%204-2012%20.pdf?idFile=49da-4c32-a9d1-4e7b-b491-efa28078d661>. Acesso em 18.10.2014

À guisa de finalizar o presente tópico de legitimidade para propor a demanda em discussão, há de se ressaltar a previsão do art. 5º, V, da LACP, norma que confere legitimidade de associação que, concomitantemente esteja constituída há pelo menos 1 (um) ano nos termos da lei civil e inclua, entre suas finalidades institucionais, a proteção ao patrimônio público e social, ao meio ambiente, ao consumidor, à ordem econômica, à livre concorrência, aos direitos de grupos raciais, étnicos ou religiosos ou ao patrimônio artístico, estético, histórico, turístico e paisagístico.

Assim, diante da autorização constitucional prevista no § 1º do art. 129, da CF/88, dispositivo que prevê a possibilidade de que, nas mesmas condições do Ministério Público, terceiros também poderão propor ação civil pública, verifica-se a legitimidade também dos sindicatos e associações profissionais para defender os direitos e interesses metaindividuais dos trabalhadores.

A Carta Magna confere também em seu art. 8º, III, direito aos sindicatos para a defesa dos direitos e interesses coletivos ou individuais da categoria, inclusive em questões judiciais ou administrativas. Por alguns anos após a promulgação da Lei maior, houve certa resistência do judiciário trabalhista em reconhecer a legitimidade conferida aos Sindicatos, entendendo o Tribunal Superior do Trabalho que a entidade somente poderia atuar na forma de substituto processual para defender direitos individuais homogêneos, e ainda assim, somente em determinados casos, nos quais havia disposição na Súmula n. 310 do TST, verbete que foi cancelado diante da atualização de entendimentos dos Tribunais Superiores. A Súmula comportava o seguinte texto:

> Súmula n. 310 do TST SUBSTITUIÇÃO PROCESSUAL. SINDICATO (cancelamento mantido) — Res. n. 121/2003, DJ 19, 20 e 21.11.2003 e republicada DJ 25.11.2003
>
> I — O art. 8º, inciso III, da Constituição da República não assegura a substituição processual pelo sindicato.
>
> II — A substituição processual autorizada ao sindicato pelas Leis n.s 6.708, de 30.10.1979, e 7.238, de 29.10.1984, limitada aos associados, restringe-se às demandas que visem aos reajustes salariais previstos em lei, ajuizadas até 3.7.1989, data em que entrou em vigor a Lei n. 7.788/1989.
>
> III — A Lei n. 7.788/1989, em seu art. 8º, assegurou, durante sua vigência, a legitimidade do sindicato como substituto processual da categoria.
>
> IV — A substituição processual autorizada pela Lei n. 8.073, de 30.7.1990, ao sindicato alcança todos os integrantes da categoria e é

restrita às demandas que visem à satisfação de reajustes salariais específicos resultantes de disposição prevista em lei de política salarial.

V — Em qualquer ação proposta pelo sindicato como substituto processual, todos os substituídos serão individualizados na petição inicial e, para o início da execução, devidamente identificados pelo número da Carteira de Trabalho e Previdência Social ou de qualquer documento de identidade.

VI — É lícito aos substituídos integrar a lide como assistente litisconsorcial, acordar, transigir e renunciar, independentemente de autorização ou anuência do substituto.

VII — Na liquidação da sentença exequenda, promovida pelo substituto, serão individualizados os valores devidos a cada substituído, cujos depósitos para quitação serão levantados por meio de guias expedidas em seu nome ou de procurador com poderes especiais para esse fim, inclusive nas ações de cumprimento.

VIII — Quando o sindicato for o autor da ação na condição de substituto processual, não serão devidos honorários advocatícios.

**Histórico:**

Súmula cancelada — Res. n. 119/2003, DJ 1º.10.2003

Redação original — Res. n. 1/1993, DJ 6, 10 e 12.5.1993.[291]

Atualmente, os entendimentos do Supremo Tribunal Federal e do Pretório Excelso trabalhista são no sentido de que se atribui aos sindicatos a modalidade de substituição processual ampla, ou seja, inclusive para atuar na defesa de direitos individuais não homogêneos, além dos coletivos e difusos.[292]

## 3.6. Breves considerações sobre a sentença e coisa julgada na ação civil pública trabalhista

Os temas da sentença e coisa julgada são alvos de enormes divergências tanto na esfera doutrinária quanto jurisprudencial. Assim, caso fossem

---

(291) TRIBUNAL SUPERIOR DO TRABALHO. *Jurisprudência*. Disponível em: <http://www3.tst.jus.br/jurisprudencia/Sumulas_com_indice/Sumulas_Ind_301_350.html#SUM-310>. Acesso em: 20.10.2014.
(292) Nesse sentido, entendimentos de: LEITE, Carlos Henrique Bezerra. *Ação civil pública na perspectiva dos direitos humanos*, p. 260-1; e PEREIRA, Ricardo José Macedo de Brito. *Ação civil pública no processo do trabalho*, p. 218-9.

esgotadas todas as discussões envolvendo o assunto, já ensejaria monografia de grande envergadura. Também já se fizeram alguns esclarecimentos no desenvolvimento do segundo capítulo deste estudo, motivo pelo qual se passa apenas a esclarecer brevemente os institutos quando desenvolvidos no processo trabalhista.

A sentença, nos termos do art. 203, § 1º, do Código de Processo Civil, é o pronunciamento por meio do qual o juiz, com fundamento nos arts. 485 e 487, põe fim à fase cognitiva do procedimento comum, bem como extingue a execução. Nos Tribunais, as decisões que são proferidas em julgamentos recebem o nome de acórdão, conforme conceito expresso no art. 204 do CPC.[293]

De acordo com o estudo desenvolvido acima, a ação civil pública sempre será julgada por uma sentença, a qual poderá ser atacada por meio de recursos dirigidos aos Tribunais. Diante da integração normativa das Leis n. 7.347/85 (LACP), arts. 3º e 11, e n. 8.078/90 (CDC), arts. 83 e 84, tal decisão poderá resultar em provimento de natureza declaratória, constitutiva, executiva, condenatória ou mandamental, admitindo todas as espécies de ações capazes de atender à tutela dos interesses metaindividuais. Inclusive no art. 3º da LACP, há possibilidade de cumulação de pedidos, quando prevê que na Ação Civil Pública poderá ter por objeto condenação em dinheiro, e/ou cumprimento das obrigações de dar, fazer ou não fazer.[294]

A sentença proferida na ação civil pública trabalhista, pela análise conjunta dos dispositivos citados acima, terá sempre conteúdo ou efeito condenatório. O efeito declaratório e constitutivo[295] também será possível de postular na demanda, porém o ideal seria cumular os pedidos de natureza condenatório para, inclusive, prevenir lesões futuras a direitos e interesses metaindividuais, pois poderá haver no processo as chamadas tutelas jurisdicionais diferenciadas (por exemplo: tutela inibitória de remoção do ilícito ou impedimento de atividade ilícita).[296] Nesse sentido, palavras de Carlos Henrique Bezerra Leite:

---

(293) BRASIL. Lei n. 13.105, de 16 de março de 2015. Institui o Código de Processo Civil.
(294) Cf. PEREIRA, Ricardo José Macedo de Brito. *Ação civil pública no processo do trabalho*, p. 284-5.
(295) Conforme previsão na *Lei n. 8.625/93, Art. 25, b* — Art. 25. Além das funções previstas nas Constituições Federal e Estadual, na Lei Orgânica e em outras leis, incumbe, ainda, ao Ministério Público: (...). IV — promover o inquérito civil e a ação civil pública, na forma da lei: a) para a proteção, prevenção e reparação dos danos causados ao meio ambiente, ao consumidor, aos bens e direitos de valor artístico, estético, histórico, turístico e paisagístico, e a outros interesses difusos, coletivos e individuais indisponíveis e homogêneos;
b) para a anulação ou declaração de nulidade de atos lesivos ao patrimônio público ou à moralidade administrativa do Estado ou de Município, de suas administrações indiretas ou fundacionais ou de entidades privadas de que participem;
(296) Cf. LEITE, Carlos Henrique Bezerra. *Ação civil pública na perspectiva dos direitos humanos*, p. 166-9.

Em tal sentença (mandamental e executiva *lato sensu*), a tutela jurisdicional, além de conter provimento declaratório e condenatório, permite ao Juiz impor ao réu, no próprio processo de conhecimento, isto é, independentemente de instauração de um processo de execução, o cumprimento de medidas sub-rogatórias. Tais medidas, que são meramente exemplificativas, têm o escopo de assegurar a tutela específica ou o resultado prático equivalente.[297]

Na Justiça do Trabalho, também poderá haver pedido de antecipação dos efeitos decisórios na ação civil pública, caso concedida antes da sentença a tutela cautelar ou deferida tutela antecipada. Além disso, caso não atendido pelo réu o comando decisório liminar ou sentencial, há possibilidade de imposição de astreinte, conforme previsão também no diploma processual civil, pelo descumprimento da ordem.[298]

Em relação à coisa julgada na ação civil pública proposta no judiciário trabalhista, da mesma forma que no processo civil, tem por finalidade a busca da decisão judicial estável, ou seja, colocar um ponto-final na discussão processual. Quando se opera a coisa julgada no processo individual, via de regra, não mais é possível discutir o mesmo assunto entre as mesmas partes no judiciário, conforme determinação do art. 502 do CPC[299]. A sociedade necessita deste acontecimento até para que se consolide a segurança jurídica tão visada pelos jurisdicionados. De acordo com tal dispositivo, a decisão não pode gerar qualquer efeito, não beneficiar nem prejudicar terceiros, pois estaria extrapolando os limites da lide. Excepcionalmente, poderá estender subjetivamente a coisa julgada nos casos de sucessão, em relação aos herdeiros, e também quando o processo envolver a figura do substituto processual, estendendo-se aos substituídos. Assim também são os comandos dos arts. 503 e 506 do CPC.[300]

No caso da ação civil pública trabalhista, está-se diante de modalidade coletiva de processo para a tutela de direitos ou interesses difusos, coletivos e individuais homogêneos assim conceituados no parágrafo único do art. 83 do CDC. Dessa forma, importante verificar quais são os limites objetivos e

---

(297) LEITE, Carlos Henrique Bezerra. *Ação civil pública na perspectiva dos direitos humanos*, p. 168.
(298) Cf. LEITE, Carlos Henrique Bezerra. *Ação civil pública na perspectiva dos direitos humanos*, p. 166; e VON ADAMOVICH, Eduardo Henrique Raymundo. *Sistema da ação civil pública no processo do trabalho*, p. 344.
(299) BRASIL. Lei n. 13.105, de 16 de março de 2015. Institui o Código de Processo Civil. *Art. 502. Denomina-se coisa julgada material a autoridade que torna imutável e indiscutível a decisão de mérito não mais sujeita a recurso.*
(300) BRASIL. Lei n. 13.105, de 16 de março de 2015. Institui o Código de Processo Civil. *Art. 503. A decisão que julgar total ou parcialmente o mérito tem força de lei nos limites da questão principal expressamente decidida.* (...). *Art. 506. A sentença faz coisa julgada às partes entre as quais é dada, não prejudicando terceiros.*

subjetivos da *res judicata*, tendo em vista que os legitimados ativamente representam ou substituem pessoas indeterminadas nos casos dos direitos difusos e coletivos, e determinado grupo ou categoria quando se tratar de direitos individuais homogêneos.

Diante das necessidades impostas socialmente, no que diz respeito à solução dos conflitos envolvendo os direitos metaindividuais, a Lei n. 7.347/85, dispõe:

> **Art. 16.** A sentença civil fará coisa julgada *erga omnes*, nos limites da competência territorial do órgão prolator, exceto se o pedido for julgado improcedente por insuficiência de provas, hipótese em que qualquer legitimado poderá intentar outra ação com idêntico fundamento, valendo-se de nova prova.[301]

Após a promulgação da Constituição Federal em 1988, até por força do art. 129, III, § 1º, verificou-se a necessidade de atualização normativa pelo fato de que a Carta Maior recepcionou a LACP. Assim, como já descrito no capítulo II do presente estudo, após o advento do Código de Defesa do Consumidor, abrangendo também os direitos individuais homogêneos, o art. 21 da LACP, autorizou a utilização da lei consumeira, no que diz respeito aos limites da coisa julgada, conforme dispõe:

> **Art. 103.** Nas ações coletivas de que trata este código, a sentença fará coisa julgada:
>
> I — *erga omnes*, exceto se o pedido for julgado improcedente por insuficiência de provas, hipótese em que qualquer legitimado poderá intentar outra ação, com idêntico fundamento valendo-se de nova prova, na hipótese do inciso I do parágrafo único do art. 81;
>
> II — *ultra partes*, mas limitadamente ao grupo, categoria ou classe, salvo improcedência por insuficiência de provas, nos termos do inciso anterior, quando se tratar da hipótese prevista no inciso II do parágrafo único do art. 81;
>
> III — *erga omnes*, apenas no caso de procedência do pedido, para beneficiar todas as vítimas e seus sucessores, na hipótese do inciso III do parágrafo único do art. 81.[302]

---

(301) BRASIL. Lei n. 7.347, de 24 de julho de 1985. Disciplina a ação civil pública de responsabilidade por danos causados ao meio ambiente, ao consumidor, a bens e direitos de valor artístico, estético, histórico, turístico e paisagístico (VETADO) e dá outras providências.
(302) BRASIL. Lei n. 8.078, de 11 de setembro de 1990. Dispõe sobre a proteção do consumidor e dá outras providências.

Dessa forma, para melhor entender os efeitos da *res judicata* na Justiça do Trabalho brasileira, passa-se a exemplificar algumas situações de acordo com a natureza do direito metaindividual pleiteado pela via da ação civil pública, conforme estudos realizados por Carlos Henrique Bezerra Leite[303] e Eduardo Henrique Raymundo Von Adamovich.[304]

Em relação aos interesses difusos que possam ser pleiteados na Justiça do trabalho, cita-se a título de exemplo um determinada empresa pública que após fazer abertura de inscrições de candidatos para prestar concurso público, resolve contratar em massa os trabalhadores sem obedecer ao certame publicado pela própria empresa. Nesse caso, há violação do art. 37, I e II, da Constituição Federal[305], permitindo que o Ministério Público do Trabalho promova ajuizamento de ação civil pública e, defesa da norma constitucional violada e também aos interesses e direitos difusos dos potenciais candidatos indeterminadamente considerados e que seriam os potenciais candidatos postulantes às vagas oferecidas. Neste exemplo, aplicando a regra do art. 103, I, do CDC, caso julgada procedente a demanda, a sentença fará coisa julgada *erga omnes*, beneficiando a todos os possíveis candidatos às vagas oferecidas no edital, exceto se o pedido for julgado improcedente por insuficiência de provas, hipótese em que poderá ser proposta nova ação civil pública fundada em novo elemento probatório. Se a sentença for de improcedência por outro motivo, também haverá coisa julgada *erga omnes*, não se admitindo a propositura de nova ação civil pública sob o mesmo fundamento.

Porém, ressalta-se que não haverá, em nenhum caso, prejuízo de tais efeitos para os interesses ou direitos individuais dos integrantes da categoria conforme dispõe o § 1º do art. 103 do CDC. Neste caso, explica Eduardo Henrique Raymundo Von Adamovich:

> É verdade que o art. 103, § 1º, do CDC, declara que os efeitos da coisa julgada nos termos dos seus incisos I e II não prejudicarão

---

(303) Cf. LEITE, Carlos Henrique Bezerra. *Ação civil pública na perspectiva dos direitos humanos*, p. 174-9.
(304) Cf. VON ADAMOVICH, Eduardo Henrique Raymundo. *Sistema da ação civil pública no processo do trabalho*, p. 426-433.
(305) BRASIL. Constituição. *Constituição da República Federativa do Brasil*. Brasília: Senado Federal, 1988. *Art. 37*. A administração pública direta e indireta de qualquer dos Poderes da União, dos Estados, do Distrito Federal e dos Municípios obedecerá aos princípios de legalidade, impessoalidade, moralidade, publicidade e eficiência e, também, ao seguinte: I — os cargos, empregos e funções públicas são acessíveis aos brasileiros que preencham os requisitos estabelecidos em lei, assim como aos estrangeiros, na forma da lei; II — a investidura em cargo ou emprego público depende de aprovação prévia em concurso público de provas ou de provas e títulos, de acordo com a natureza e a complexidade do cargo ou emprego, na forma prevista em lei, ressalvadas as nomeações para cargo em comissão declarado em lei de livre nomeação e exoneração;

> interesses e direitos individuais dos integrantes da coletividade, do grupo, categoria ou classe, mas, aí, o que a lei está a assegurar não é a repropositura da mesma ação coletiva. Esta, naquilo que tem de transindividual, difuso ou coletivo, está fulminada pela coisa julgada material e não pode voltar a ser discutida. Forma-se *pro et contra* nas ações coletivas, salvo o caso de improcedência pela deficiência de provas. Não se trata, a rigor, de coisa julgada *secundum eventum litis* para os diversos integrantes da categoria, a não ser no que tange à sua extensão *in utilibus* para as suas esferas individuais.⁽³⁰⁶⁾

Carlos Henrique Bezerra Leite também cita exemplo onde poderá ocorrer concorrência de legitimados ativos propondo ação civil pública, envolvendo MPT sindicatos, dizendo que:

> Situação interessante ocorrerá na hipótese em que o Sindicato da categoria profissional (ainda que, a nosso sentir, parte ilegítima *ad causam*) ajuíze ação coletiva ou civil pública, repetindo o pedido e a causa de pedir cotidos na ação civil proposta pelo Ministério Público do Trabalho, sendo que a identidade de partes ativas, aqui, decorre do fato de que ambos (sindicato e MPT) atuam, segundo Ada Pellegrini Grinover, como substitutos processuais da coletividade. Neste caso, haverá litispendência (se a ação primeira ainda estiver em curso) ou coisa julgada (se transitada em julgado a decisão definitiva prolatada na ação ajuizada anteriormente).⁽³⁰⁷⁾

No que diz respeito à possibilidade de propor ação civil pública na Justiça do trabalho para a tutela dos direitos ou interesses coletivos *stricto sensu*, imagine-se empresa que adota a prática de não recolher mensalmente os valores referentes ao FGTS de seus funcionários, desrespeitando a norma contida no art. 7º, III, da CF/88. Caso proposta ação civil pública para a tutela dos interesses ou direitos da categoria, a sentença fará coisa julgada *ultra partes* conforme prevê o art. 103, II, do CDC, entre os trabalhadores da empresa, valendo a mesma regra citada anteriormente caso a demanda seja julgada improcedente por insuficiência de provas. Neste caso, refere-se a regra prevista no art. 104, do CDC⁽³⁰⁸⁾, explicada por Carlos Henrique Bezerra Leite em interpretação a *contrario sensu* do dispositivo:

---

(306) VON ADAMOVICH, Eduardo Henrique Raymundo. *Sistema da ação civil pública no processo do trabalho*, p. 427-8.
(307) LEITE, Carlos Henrique Bezerra. *Ação civil pública na perspectiva dos direitos humanos*, p. 179.
(308) BRASIL. Lei n. 8.078, de 11 de setembro de 1.990. Dispõe sobre a proteção do consumidor e dá outras providências. *Art. 104.* As ações coletivas, previstas nos incisos I e II e do parágrafo único do art. 81, não induzem litispendência para as ações individuais, mas os efeitos da coisa julgada *erga omnes* ou *ultra partes* a que aludem os incisos II e III do artigo anterior não beneficiarão os autores das ações individuais, se não for requerida sua suspensão no prazo de trinta dias, a contar da ciência nos autos do ajuizamento da ação coletiva.

(...) a sentença for de procedente ou improcedente por fundamento outro que não a insuficiência de provas, os efeitos *ultra partes* da coisa julgada só beneficiarão os autores das ações individuais em curso que tiverem requerido suspensão dos processos individuais no prazo de trinta dias, a contar da ciência nos autos, do ajuizamento da ação civil pública.[309]

Verifica-se que poderão ficar a salvo da coisa julgada direitos individuais dos membros ou grupo da categoria em defesa, que no caso de improcedência da ação coletiva, terão possibilidade de reverter os resultados desfavoráveis em novas ações individuais, uma vez que atingidos pela coisa julgada apenas enquanto membros de grupo ou categoria no que diz respeito à demanda coletiva.[310]

Por último, a título de exemplo de ação civil pública proposta para a tutela de interesses ou direitos individuais homogêneos, cita-se a situação em que é proposta a demanda para compelir determinada empresa a fornecer equipamentos de proteção individual aos trabalhadores, em número considerável, que desenvolvem suas atividades laborais em condições insalubres, enquanto outros setores da mesma empresa não ficam expostos aos agentes causadores de danos à saúde dos primeiros. Observando a regra do art. 103, III, do CDC, se a sentença for procedente, fará coisa julgada *erga omnes* em relação a todos os trabalhadores lesados pela omissão patronal e aos que lhes vierem a suceder. Em caso de improcedência do pedido, seja por qual for o motivo, não prejudicará as ações individuais dos trabalhadores lesados, salvo se tiverem intervindo como litisconsortes na ação civil pública. Porém há de se ressaltar, conforme previsto no § 2º do art. 103, do CDC, que no caso de improcedência por outro motivo que não a insuficiência de provas, opera-se a coisa julgada impedindo a propositura de nova ação civil pública.[311]

Feitas as breves considerações acerca da coisa julgada na ação civil pública trabalhista, em complemento ao estudo desenvolvido no segundo capítulo deste estudo, passa-se então às possibilidades de atacar as sentenças proferidas quando proposto o instituto no judiciário trabalhista.

### 3.7. Recursos cabíveis na ação civil pública trabalhista

As sentenças proferidas pela Justiça do Trabalho, quando proposta ação civil pública de sua competência, também podem ser atacadas pelos recursos

---

(309) LEITE, Carlos Henrique Bezerra. *Ação civil pública na perspectiva dos direitos humanos*, p. 175.
(310) Cf. VON ADAMOVICH, Eduardo Henrique Raymundo. *Sistema da ação civil pública no processo do trabalho*, p. 431.
(311) Cf. LEITE, Carlos Henrique Bezerra. *Ação civil pública na perspectiva dos direitos humanos*, p. 176-7.

previstos na legislação brasileira, seguindo-se praticamente o mesmo rito das reclamatórias comuns, apenas acrescentando-se o fato de que o Ministério Público do Trabalho, quando não for parte, atuará, obrigatoriamente, como fiscal da lei. Conforme aponta Ricardo José Macedo de Brito Pereira, "O direito de recorrer integra o conteúdo do direito fundamental de acesso à justiça".[312]

Portanto, verifica-se a possibilidade de interposição de todos os recursos previstos na legislação trabalhista, e, subsidiariamente por força do art. 769 da CLT, quando não prejudicar o seu rito próprio, aqueles dispostos na legislação processual comum, o CPC. Assim, caberá (inclusive com aplicação das regras atinentes aos prazos[313], custas e depósitos recursais), recurso ordinário, embargos declaratórios, agravo de instrumento, recurso de revista, embargos no TST, recurso extraordinários e demais que a lei expressar dentro das peculiaridades processual.

Como peculiaridade atribuída ao caso específico da ação civil pública, também em matéria trabalhista, cita-se o art. 14 da Lei n. 7.347/85, o qual prevê a possibilidade do juiz conferir efeito suspensivo aos recursos, para evitar dano irreparável à parte.[314] Na justiça do trabalho, conforme previsto no art. 899 da CLT[315], os recursos interpostos terão efeito meramente devolutivo. No sentido de evitar prejuízo, até por tratar-se de direitos metaindividuais, o juiz deve atentar-se para a regra específica da ação coletiva. No caso de sentença desfavorável ao *parquet* trabalhista, cumpre trazer à baila esclarecimentos de Carlos Henrique Bezerra Leite:

As sentenças desfavoráveis ao MPT em ACP devem, a nosso sentir, ser submetidas ao duplo grau de jurisdição obrigatório. É que, embora o art. 1º, V, do Decreto-lei n. 779/69 não mencione o MP, sabe-se que ele é uma instituição estatal que atua em defesa do interesse público, tal causa ocorre com o cidadão na ação popular. Assim, por força do art. 19 da Lei n. 4.717/65, aplicado por

---

(312) PEREIRA, Ricardo José Macedo de Brito. *Ação civil pública no processo do trabalho*, p. 320.
(313) Incide aplicação do Dec.-Lei n. 779/69 prevendo em seu art. 1º, o prazo em dobra para recorrer quando houver condenação dos órgãos da administração pública direta, suas autarquias e fundações. Neste caso, beneficia-se com a norma o Ministério Público do Trabalho por ser, no sentir majoritário da doutrina, o principal legitimado ativo, e ainda por obrigatoriamente atuar como fiscal da lei, aplicando-se o prazo em dobro para recorrer em ambas as situações conforme entendimento de LEITE, Carlos Henrique Bezerra. *Ação civil pública na perspectiva dos direitos humanos*, p. 185.
(314) BRASIL. Lei n. 7.347, de 24 de julho de 1985. Disciplina a ação civil pública de responsabilidade por danos causados ao meio ambiente, ao consumidor, a bens e direitos de valor artístico, estético, histórico, turístico e paisagístico (VETADO) e dá outras providências. *Art. 14*. O juiz poderá conferir efeito suspensivo aos recursos, para evitar dano irreparável à parte.
(315) BRASIL. Decreto-Lei n. 5.452, de 1º de maio de 1943. Aprova a Consolidação das Leis do Trabalho. *Art. 899*. Os recursos serão interpostos por simples petição e terão efeito meramente devolutivo, salvo as exceções previstas neste Título, permitida a execução provisória até a penhora.

analogia à espécie, as sentenças de carência ou improcedência em ACP devem ser submetidas ao duplo grau de jurisdição, independentemente de recursos das partes.[316]

No mesmo sentido, entendimento de Ricardo José Macedo de Brito Pereira, dizendo que a sentença em ação civil pública trabalhista não transita em julgado sem a confirmação de seu teor pelo Tribunal. Assim, devem ser aplicados por analogia em qualquer ação civil pública, conjuntamente com o art. 19 da Lei n. 4.717/65[317], o art. 4º da Lei n. 7.853/89[318]. O autor ainda salienta que os Tribunais não têm atentado tais normas.[319] Caso não sejam aplicados pelo magistrado os dispositivos, na Justiça do Trabalho, nos termos da Súmula n. 414, I, do TST, a parte ainda poderá propor ação cautelar na tentativa de conceder efeito suspensivo quando interposto recurso.

O art. 12 da Lei n. 7.347/85 também diz que o juiz poderá conceder mandado liminar, com ou sem justificação prévia, em decisão sujeita a agravo. No que diz respeito ao processo civil, não há dúvidas de que se permite a interposição do agravo de instrumento. Porém, no âmbito da Justiça do Trabalho, a decisão concedida liminarmente antes da sentença, revestida de natureza interlocutória, não comporta recurso imediato nos termos do § 1º do art. 893 da CLT[320], permitindo, sob pena de prejuízo futuro, apenas o registro do "protesto antipreclusivo" (art. 795 da CLT[321]), para discussão futura em preliminar de recurso.

---

(316) LEITE, Carlos Henrique Bezerra. *Ação civil pública na perspectiva dos direitos humanos*, p. 185.
(317) BRASIL. Lei n. 4.717, de 29 de junho de 1965. Regula a Ação Popular. *Art. 19*. A sentença que concluir pela carência ou pela improcedência da ação está sujeita ao duplo grau de jurisdição, não produzindo efeito senão depois de confirmada pelo tribunal; da que julgar a ação procedente caberá apelação, com efeito suspensivo.
(318) BRASIL. Lei n. 7.853, de 24 de outubro de 1989. Dispõe sobre o apoio às pessoas portadoras de deficiência, sua integração social, sobre a Coordenadoria Nacional para Integração da Pessoa Portadora de Deficiência — Corde, institui a tutela jurisdicional de interesses coletivos ou difusos dessas pessoas, disciplina a atuação do Ministério Público, define crimes, e dá outras providências. *Art. 4º* A sentença terá eficácia de coisa julgada oponível *erga omnes*, exceto no caso de haver sido a ação julgada improcedente por deficiência de prova, hipótese em que qualquer legitimado poderá intentar outra ação com idêntico fundamento, valendo-se de nova prova. § 1º A sentença que concluir pela carência ou pela improcedência da ação fica sujeita ao duplo grau de jurisdição, não produzindo efeito senão depois de confirmada pelo tribunal.
(319) Cf. PEREIRA, Ricardo José Macedo de Brito. *Ação civil pública no processo do trabalho*, p. 331.
(320) BRASIL. Decreto-Lei n. 5.452, de 1º de maio de 1943. Aprova a Consolidação das Leis do Trabalho. *Art. 893*. (...) § 1º Os incidentes do processo são resolvidos pelo próprio Juízo ou Tribunal, admitindo-se a apreciação do merecimento das decisões interlocutórias somente em recursos da decisão definitiva.
(321) BRASIL. Decreto-Lei n. 5.452, de 1º de maio de 1943. Aprova a Consolidação das Leis do Trabalho. *Art. 795*. As nulidades não serão declaradas senão mediante provocação das partes, as quais deverão argui-las à primeira vez em que tiverem de falar em audiência ou nos autos.

Entretanto, nos casos de decisões interlocutórias que atentem contra direito líquido e certo no judiciário trabalhista antecipando tutelas antes da sentença, entende-se possível, por força do disposto na Súmula n. 414 do TST[322], impetrar ação de mandado de segurança por inexistência de recurso próprio.

### 3.8. Da liquidação de sentença e execução na ação civil pública trabalhista: considerações gerais

Na Justiça do Trabalho, tal qual acontece no processo civil, a execução processual busca assegurar ao credor um resultado prático permitindo a efetividade da decisão judicial alcançando o bem da vida a quem de direito. Na ação civil pública, de acordo com a natureza jurídica dos possíveis pedidos previstos no arts. 3º, 11 e 13 da Lei n. 7.347/85, a fase executória do processo poderá ser para cumprimento de obrigação de fazer ou de não fazer, e/ou cumprimento de obrigação de pagar/indenizar.

No caso de processos coletivos, para que a decisão seja revestida de eficácia e efetividade, todos os possíveis e/ou determinados beneficiários deverão ter acesso aos efeitos da *res judicata*. Nesse sentido, dispõe o Código de Defesa do Consumidor, aplicado à ação civil pública por analogia por força da previsão contida no art. 21 da LACP:

> **Art. 84.** Na ação que tenha por objeto o cumprimento da obrigação de fazer ou não fazer, o juiz concederá a tutela específica da obrigação ou determinará providências que assegurem o resultado prático equivalente ao do adimplemento.
>
> **§ 1º** A conversão da obrigação em perdas e danos somente será admissível se por elas optar o autor ou se impossível a tutela específica ou a obtenção do resultado prático correspondente.
>
> **§ 2º** A indenização por perdas e danos se fará sem prejuízo da multa.

---

(322) *Súmula n. 414 do TST MANDADO DE SEGURANÇA. ANTECIPAÇÃO DE TUTELA (OU LIMINAR) CONCEDIDA ANTES OU NA SENTENÇA. I —* A antecipação da tutela concedida na sentença não comporta impugnação pela via do mandado de segurança, por ser impugnável mediante recurso ordinário. A ação cautelar é o meio próprio para se obter efeito suspensivo a recurso. *II —* No caso da tutela antecipada (ou liminar) ser concedida antes da sentença, cabe a impetração do mandado de segurança, em face da inexistência de recurso próprio. *III —* A superveniência da sentença, nos autos originários, faz perder o objeto do mandado de segurança que impugnava a concessão da tutela antecipada (ou liminar).

§ 3º Sendo relevante o fundamento da demanda e havendo justificado receio de ineficácia do provimento final, é lícito ao juiz conceder a tutela liminarmente ou após justificação prévia, citado o réu.

§ 4º O juiz poderá, na hipótese do § 3º ou na sentença, impor multa diária ao réu, independentemente de pedido do autor, se for suficiente ou compatível com a obrigação, fixando prazo razoável para o cumprimento do preceito.

§ 5º Para a tutela específica ou para a obtenção do resultado prático equivalente, poderá o juiz determinar as medidas necessárias, tais como busca e apreensão, remoção de coisas e pessoas, desfazimento de obra, impedimento de atividade nociva, além de requisição de força policial.[323]

Verifica-se que o legislador dispensou maior regulamentação para as hipóteses de condenação em obrigações de fazer e não fazer, permitindo a conversão destas em perdas e danos somente em casos de pedido expresso do autor, se for impossível o cumprimento da tutela específica (obrigações de fazer ou não fazer, e ainda se for impossível a obtenção do resultado prático almejado.[324]

No que diz respeito à tutela dos direitos individuais homogêneos, também é possível pela via da ação civil pública trabalhista pleitear indenização em dinheiro. Nesse caso, de acordo com art. 95 do CDC, a condenação será genérica, cabendo aos substituídos processualmente fazerem a liquidação (por artigos) de forma individual ou coletiva, por meio de seus substitutos processuais, no prazo de um ano contado do trânsito em julgado da decisão condenatória. Na liquidação, os atingidos ou seus sucessores deverão demonstrar os danos sofridos de forma individual, porém decorrente do dano genérico reconhecido na sentença.[325]

Há de se ressaltar, também, que no judiciário trabalhista poderá haver execução definitiva, desde que a sentença ou acórdão já tenha transitado em

---

(323) BRASIL. Lei n. 8.078, de 11 de setembro de 1990. Dispõe sobre a proteção do consumidor e dá outras providências.
(324) Cf. LEITE, Carlos Henrique Bezerra. *Ação civil pública na perspectiva dos direitos humanos*, p. 191.
(325) Nesse sentido, BRASIL. Lei n. 8.078, de 11 de setembro de 1990. Dispõe sobre a proteção do consumidor e dá outras providências. *Art. 95*. Em caso de procedência do pedido, a condenação será genérica, fixando a responsabilidade do réu pelos danos causados. *Art. 97*. A liquidação e a execução de sentença poderão ser promovidas pela vítima e seus sucessores, assim como pelos legitimados de que trata o art. 82. *Art. 100*. Decorrido o prazo de um ano sem habilitação de interessados em número compatível com a gravidade do dano, poderão os legitimados do art. 82 promover a liquidação e execução da indenização devida. *Parágrafo único*. O produto da indenização devida reverterá para o fundo criado pela Lei n. 7.347, de 24 de julho de 1985.

julgado, ou provisória, quando a decisão ainda esteja pendente de recurso interposto somente no efeito devolutivo.

No que diz respeito às obrigações de fazer ou de sentenças constitutivas, diz Carlos Henrique Bezerra Leite:

> Tendo em vista que a jurisprudência dominante é no sentido do não cabimento da execução provisória na obrigação de fazer, é recomendável que o autor aguarde o trânsito em julgado da decisão definitiva para promover a sua execução. Se a sentença transitada em julgado proveniente de ação civil pública for do tipo constitutiva, [...], a sua execução é imediata, específica ou *in natura*, ou seja, o responsável pela lesão à direitos metaindividuais deve cumprir imediatamente a providência determinada pelo juiz, sem a possibilidade de ser substituída pela reparação em pecúnia. Mas, mesmo nesta hipótese, será possível formular-se pedido para que conste do comando sentencial uma pena (*astreinte*), para o caso de descumprimento da ordem judicial.[326]

Em relação à competência, além do órgão prolator da sentença, aplica-se a regra do art. 101, I, do CDC, permitindo que o beneficiário ajuíze a execução individual em seu domicílio. Sendo regra aplicada ao judiciário trabalhista, entende-se que a competência será do local onde ocorreu o dano, podendo ser estendida de acordo com a extensão dos efeitos. No caso de tratar-se de termos de ajuste de conduta firmados com o Ministério Público do Trabalho, cuja abrangência extrapolar os limites de uma Vara do Trabalho, alcançando diversas procuradorias do MPT, também é possível deslocar a competência à outros juízos, desde que atingidos pelo dano.[327]

## 3.9. Breves considerações acerca de outros instrumentos para tutela coletiva dos direitos dos trabalhadores

Diante da proposta do presente estudo de indicar como principal meio de aplicação imediata dos direitos fundamentais dos trabalhadores a ação civil pública, necessário se faz tecer alguns esclarecimentos sobre os demais instrumentos previstos na legislação, para a tutela coletiva dos direitos dos trabalhadores, no sentido de que a conclusão apontada denote respaldo científico e legal. Ressalta-se que não será feito estudo aprofundado sobre cada instituto processual, e sim expor de forma objetiva suas principais características sem que

---

(326) LEITE, Carlos Henrique Bezerra. *Ação civil pública na perspectiva dos direitos humanos*, p. 192.
(327) Cf. PEREIRA, Ricardo José Macedo de Brito. *Ação civil pública no processo do trabalho*, p. 344.

isso gere carência didática e teórica a cada espécie, e prejuízo à compreensão ampla da pesquisa, até porque o principal objetivo é, de fato, esgotar o tema da ação civil pública trabalhista. Assim, passa-se ao apontamento das principais características dos dissídios coletivos, ação de cumprimento, dissídio individual plúrimo, mandado de segurança coletivo e ação civil coletiva.

Em relação aos dissídios coletivos, entende-se não ser possível equiparar ao instituto da ação civil pública devido aos pré-requisitos que o mesmo exige para chegar ao Poder Judiciário, pois para a propositura da presente demanda, necessário, obrigatoriamente, negociação coletiva entre as categorias profissional e patronal (CF/88, art. 114, § 2º). Além disso, trata-se de ação judicial de competência originária dos Tribunais conforme previsão do art. 856 da CLT. Também a legitimidade ativa do Ministério Público do Trabalho somente se expressa na lei nos casos de suspensão do trabalho, caso contrário, as associações sindicais que têm legitimação ativa para propor a demanda (CF/88, § 3º, art. 114, art. 857-A da CLT e OJ n. 5 da SDC). Já o objeto dos dissídios coletivos, trata-se dos direitos ou interesses coletivos *stricto sensu*, mediante criação de normas que irão vigorar entre as categorias profissional e patronal, salvo se forem meramente declaratórios como é o caso das greves. Trata-se, portanto, de ação constitutiva e/ou declaratória. As semelhanças com ação civil pública ficam por conta dos interesses coletivos pleiteados e da extensão *ultra partes* dos limites subjetivos e objetivos da coisa julgada, sendo que nos dissídios coletivos é possível a revisão e a extensão do julgado. Por fim, a sentença normativa emanada de um dissídio coletivo, por não conter carga condenatória, não comporta execução, somente a propositura de nova ação pelo sindicato ou trabalhador de forma individual, a chamada ação de cumprimento (art. 872, parágrafo único da CLT).[328]

Ainda exemplificando a diferença sobre o objeto dos dissídios coletivos e da Ação Civil Pública, diz Eduardo Henrique Raymundo Von Adamovich:

> [...] que os dissídios coletivos são adequados e úteis à tutela declaratória ou constitutiva de direitos coletivos disponíveis das categorias profissionais, quando esta não reclama de dilação probatória em matéria de fato.
>
> Em se tratando de tutela mandamental, condenatória e executiva para direitos difusos, coletivos ou individuais homogêneos dos trabalhadores, sejam tais direitos disponíveis ou não, os ritos da Lei n. 7.347/85 ou dos arts. 91 a 100, do CDC, são próprios, excluindo os dissídios em que não se admitem aquelas cargas sentenciais como preponderantes.[329]

---

(328) Cf. LEITE, Carlos Henrique Bezerra. *Ação civil pública na perspectiva dos direitos humanos*, p. 263-5.
(329) VON ADAMOVICH, Eduardo Henrique Raymundo. *Sistema da ação civil pública no processo do trabalho*, p. 182.

A ação de cumprimento, com previsão expressa no parágrafo único do art. 872 da CLT, tem por objetivo fazer cumprir as determinações previstas na sentença normativa prolatada em julgamento dos dissídios coletivos. O dispositivo diz que se os empregadores deixarem de satisfazer o pagamento de salários, na conformidade da decisão proferida, poderão os empregados ou seus sindicatos, independentes de outorga de poderes de seus associados, juntando certidão de tal decisão, apresentar reclamação à Junta ou Juízo competente, sendo vedado, porém, questionar sobre a matéria de fato e de direito já apreciada na decisão.

Em breve comparação à ação civil pública, nesta a legitimidade é do Ministério Público do Trabalho entre outros; naquele somente dos sindicatos ou trabalhadores individualmente. O objetivo da ACP são os direitos metaindividuais, enquanto na ação de cumprimento são somente direitos individuais homogêneos, no máximo podendo haver discussão sobre coletivos *stricto sensu*, classificando-se como demanda de natureza condenatória individualizada, enquanto na ACP, pode ser condenatória, constitutiva, declaratória, mandamental, executiva de caráter genérico. Verifica-se como único ponto comum entre os institutos, a tutela dos direitos ou interesses individuais homogêneos, porém na ação de cumprimento, restringem-se às cláusulas da sentença normativa, já na ACP podem ser um fato ou uma relação jurídica.[330]

O dissídio individual plúrimo tem previsão no art. 842 da CLT, prevendo que, sendo várias as reclamações e havendo identidade de matéria, poderão ser acumuladas num só processo, se se tratar de empregados da mesma empresa ou estabelecimento. Entretanto, tal modalidade processual deve ser equiparada aos casos de litisconsórcio ativo e facultativo, também previsto no art. 113, III, do CPC. Portanto, não modalidade de ação coletiva conforme estudos desenvolvidos nessa pesquisa. Várias são as diferenças em relação à ação civil pública, começando-se pela legitimidade ativa que fica restrita à pluralidade de empregados e passiva somente da empresa empregadora com possibilidade de incluir eventual tomadora de serviços. A partir disso, tem-se que os demais requisitos, tais como objeto, modalidade sentencial (que inclusive não pode ser uniforme), e extensão da coisa julgada (na ACP beneficia genericamente vários trabalhadores enquanto no dissídio individual plúrimo, somente as partes que compõe a lide), também restam com consideráveis diferenças.[331]

O mandado de segurança coletivo possui amparo no rol dos direitos e garantias constitucionais conforme previsão do art. 5º, LXX, da CF/88. Dispõe a norma que pode ser impetrado por partido político com representação no

---
(330) Cf. LEITE, Carlos Henrique Bezerra. *Ação civil pública na perspectiva dos direitos humanos*, p. 265-7.
(331) *Ibidem*, p. 267-70.

Congresso Nacional, ou por organização sindical, entidade de classe ou associação legalmente constituída e em funcionamento há pelo menos um ano, em defesa dos interesses de seis membros ou associados.

Nota-se que o dispositivo apenas preocupou-se em apontar os legitimados para propor a ação sem regulamentar o objeto da norma coletiva. E mais, entre os legitimados, certo está que o Ministério Público, inclusive o do Trabalho, não estão incluídos. Assim, entende-se, mesmo que de forma precária, que se aplica a regra do art. 5º, LXIX, da CF/88, aplicando-se a norma apenas quando for para proteção do direito líquido e certo, não amparado por *habeas corpus* ou *habeas data*, quando o responsável pela ilegalidade ou abuso de poder for autoridade pública ou agente de pessoa jurídica no exercício de atribuições do Poder Público. Diz Carlos Henrique Bezerra Leite:

> Eis a grande distinção entre o mandado de segurança coletivo e a ação civil pública: esta protege, em face de qualquer pessoa ou entidade, todas as modalidades de interesses ou direitos metaindividuais (difusos, coletivos ou individuais homogêneos); aquele destina-se apenas à proteção de direito líquido e certo contra ato ilegal ou abusivo de autoridade.[332]

Ricardo José Macedo de Brito Pereira lembra que:

> (...) a atual Lei n. 12.016/2009, que regula o Mandado de Segurança, prevê o instituto de forma coletiva para a proteção de direitos coletivos e individuais homogêneos esclarecendo que a sentença fará coisa julgada limitadamente aos membros do grupo ou categoria substituídos pelo impetrante. O mandado de segurança não induz litispendência em relação às ações individuais, mas só beneficiará o impetrante a título individual se requerer a desistência da ação individual no prazo de trinta dias a contar da ciência da impetração do mandado de segurança coletivo. Por fim, condicionou-se à concessão de liminar à realização de audiência do representante judicial da pessoa jurídica de direito público, que deverá se pronunciar no prazo de setenta e duas horas.[333]

Por fim, há de se comentar em breves linhas sobre a ação civil coletiva prevista nos arts. 91 e seguintes do Código de Defesa do Consumidor, que pode ser proposta nos mesmos moldes da ação civil pública, inclusive pelos mesmos legitimados para a tutela dos direitos metaindividuais. Ocorre que nos domínios do processo coletivo há pequenos detalhes que devem ser con-

---

(332) LEITE, Carlos Henrique Bezerra. *Ação civil pública na perspectiva dos direitos humanos*, p. 271.
(333) PEREIRA, Ricardo José Macedo de Brito. *Ação civil pública no processo do trabalho*, p. 88.

siderados com a finalidade de consagrar em primeiro lugar para a tutela dos direitos metaindividuais dos trabalhadores, sem prejuízo de uso dos demais instrumentos referidos acima, a ação civil pública trabalhista.

O art. 91 do CDC prevê a propositura de ação coletiva pelos mesmos legitimados para propor ação civil pública, inclusive o MPT, em nome próprio e no interesse das vítimas ou seus sucessores, de responsabilidade pelos danos individualmente sofridos. Caso considerar-se apenas o diploma de proteção ao consumidor, sem deixar de reconhecer que na prática a doutrina e jurisprudência entende pela aplicação da ação coletiva para postular direitos difusos, coletivos *stricto sensu* e individuais homogêneos por força dos arts. 81 e 83 do CDC, tem-se a referida ação apenas para a defesa de direitos individuais homogêneos.

Ocorre que o art. 83, I, da LC n. 75/93 prevê a competência do Ministério Público do Trabalho para promover ações judiciais atribuídas a ele pela Constituição Federal e pelas leis trabalhistas. Assim, nem na CF/88 (que delimita a competência da Justiça do Trabalho no art. 114) nem nas leis trabalhistas há previsão de propositura da ação coletiva consumeira para tutela dos direitos dos trabalhadores. Porém, para propor ação civil pública trabalhista, aplicam-se combinadamente os arts. 83, III, 84 *caput*, e 6º, VII, *d*, da LOMPU. Além disso, a Ação Civil Pública é um instrumento processual constitucional, enquanto a ação coletiva é modalidade infraconstitucional, e os principais direitos sociais dos trabalhadores estão dispostos no art. 7º da Carta Magna, sem prejuízo de outros que melhorem as condições dos mesmos conforme *caput* do mencionado dispositivo.[334]

De qualquer sorte, não se pode ficar adstrito à letra fria da legislação ao ponto de não receber na Justiça do Trabalho, caso proposta, a ação coletiva, porém, melhor aplicar solução apontada por Carlos Henrique Bezerra Leite:

> (...) em homenagem ao princípio da instrumentalidade que, com maior ênfase, informa o direito processual do trabalho, afigura-se-nos que é lícito ao juiz receber a ACC, convertendo-a em ACP, desde, é claro, que isso não implique violação aos princípios constitucionais do devido processo legal, da ampla defesa e do contraditório. Afinal, o *nomen iuris* atribuído à ação coletiva não deverá servir de fundamento para a denegação do direito material nela vindicado.[335]

Diante do estudo proposto nesta pesquisa, verifica-se, após discorrer brevemente sobre os instrumentos processuais previstos na legislação brasileira

---

(334) Cf. LEITE, Carlos Henrique Bezerra. *Ação civil pública na perspectiva dos direitos humanos*, p. 274-5.
(335) *Ibidem*, p. 276.

para a tutela dos direitos metaindividuais dos trabalhadores, que a ação civil pública é o principal instrumento legalmente previsto para postular no âmbito do judiciário trabalhista a defesa dos interesses ou direitos difusos, coletivos *stricto sensu* e individuais homogêneos que se aplicam às relações de trabalho e emprego. E ainda, que o Ministério Público do Trabalho é o principal legitimado ativo na lei pátria.

## 3.10. A aplicação imediata dos direitos fundamentais dos trabalhadores e a duração razoável do processo

A pesquisa desenvolvida até aqui demonstra que o objeto da ação civil pública, de modo especial a proposta na Justiça do Trabalho, são os direitos e interesses metaindividuais, assim reconhecidos aos trabalhadores brasileiros. Que a finalidade do instituto é alcançar ao maior número de beneficiários possíveis com a procedência da ação, enquanto processo coletivo.

Da mesma forma, foi possível verificar que entre os direitos metaindividuais dos trabalhadores, estão os direitos e garantias fundamentais assegurados constitucionalmente ou em legislação infraconstitucional devido à abertura material prevista no § 2º do art. 5º e *caput* do art. 7º da CF/88. Portanto, importante também é assegurar a eficácia e efetividade de tais direitos, os quais, de acordo com o § 1º do art. 5º da Carta Magna, têm aplicação imediata, o que, de certa forma, vai ao encontro do inciso LXXVIII do art. 5º, norma que materializou como garantia fundamental a duração razoável do processo.

Em primeiro lugar, é necessário esclarecer que o fato de o legislador constituinte posicionar o dispositivo (§ 1º) no art. 5º não significa que a norma não se aplicará a todas as espécies de direitos fundamentais, até porque seu texto é genérico dizendo que "As normas definidoras dos direitos e garantias fundamentais têm aplicação imediata". Entende-se que todas as normas, independente de estarem no título II da Constituição, sendo de direitos fundamentais, têm que ser imediatamente cumpridas. Assim, diz Ingo Wolfgang Sarlet:

> A despeito da circunstância de que a localização topográfica do dispositivo poderia sugerir uma aplicação da norma contida no art. 5º, § 1º, da CF apenas aos direitos individuais e coletivos, o fato é que este argumento não corresponde sequer à expressão literal do dispositivo visto que este utiliza a formulação genérica "normas definidoras de direitos e garantias fundamentais" [...], revelando que, mesmo que se procedendo a uma interpretação meramente literal, não há como sustentar, pelo menos não sem contestação relevante, uma redução do âmbito de aplicação da norma a qualquer

das categorias específicas [...]. Assim, pelas razões referidas, há como sustentar a aplicabilidade imediata (por força do art. 5º, § 1º, de nossa Lei Fundamental) de todas as normas de direitos fundamentais constantes no Título II da Constituição (arts. 5º a 17), bem como dos localizados em outras partes do texto constitucional e nos tratados internacionais.[336]

Dessa forma, verifica-se que há uma heterogeneidade de direitos fundamentais, tanto na esfera individual quanto na coletiva e social, especificamente para os fins deste estudo, os direitos sociais dos trabalhadores. E mais, que a aplicação imediata dos direitos fundamentais sociais dos trabalhadores, não se faz em detrimento das demais normas de direitos fundamentais previstas dentro e fora da Constituição. Há ainda que se referir o dever de participação do Estado e particulares na observação de tais normas, onde os primeiros devem aplicá-los e os segundos cumpri-los, independentemente de atos legislativos ou administrativos. E, por fim, cabe ao Poder Judiciário o dever, se provocado, de aplicar imediatamente as normas definidoras de direitos e garantias fundamentais, viabilizando sua eficácia.[337]

Assim sendo, verifica-se que tratados internacionais e algumas normas infraconstitucionais também podem ser enquadradas como direitos fundamentais, e que alguns direitos metaindividuais dos trabalhadores, também podem ser classificados como tal. Para corroborar o entendimento, palavras de Ricardo José Macedo de Brito Pereira:

> A Constituição de 1988, como referido, contém, no art. 5º, § 2º, cláusula de abertura para os direitos decorrentes do regime e dos princípios adotados e dos tratados internacionais de que o Estado brasileiro seja parte no rol de direitos fundamentais. A mesma cláusula de abertura é especificamente prevista para os direitos sociais dos trabalhadores, no *caput* do art. 7º, ao enumerar os direitos sociais dos trabalhadores urbanos e rurais, além de outros que visem a melhoria de sua condição social.

A tutela processual dos direitos difusos, coletivos e individuais homogêneos remetem a sua dimensão material, de acordo com a sua previsão no ordenamento jurídico. Esses interesses e direitos podem estar contidos em normas constitucionais ou infraconstitucionais. Algumas normas infraconstitucionais desfrutam do caráter de fundamentalidade, como as referidas à saúde, higiene

---

(336) SARLET, Ingo Wolfgang. Os direitos dos trabalhadores como direitos fundamentais na Constituição Federal brasileira de 1988. In: *Diálogos entre o direito do trabalho e o direito constitucional:* estudos em homenagem a Rosa Maria Weber, p. 36-8.
(337) *Ibidem*, p. 40-3.

e segurança, em razão das referidas cláusulas constitucionais de abertura do rol dos direitos fundamentais.[338]

No sentido de aplicar o mais breve possível as normas de garantias fundamentais ao maior número possível de beneficiários, verifica-se, no âmbito da jurisdição coletiva, a busca pela via da ação civil pública, pois também se vislumbra, ao assegurar a eficácia e efetividade dos direitos constitucionais, uma aproximação entre direito material e processual. Nesse sentido, em artigo abordando o processo coletivo do trabalho, aponta Rodrigo Coimbra:

> Na trilha atual de reaproximação entre o direito material e processual, ainda que em planos claramente distintos (ou seja, autônomos, mas relacionados), a jurisdição coletiva trabalhista precisa avançar rumo ao desiderato de concretização da Constituição e dos direitos fundamentais, mas já atende a uma das mais profundas diferenças entre o judiciário do Estado liberal e o judiciário do Estado Constitucional: não mais somente a de resguardar os direitos subjetivos, mas a de concretizar o direito objetivo, bem como criá-lo, regulamentá-lo e estendê-lo. Nesse contexto, é necessário avançar também na efetiva constitucionalização do direito processual do trabalho, uma vez que tudo o que se realiza no processo deve ser inspirado nos princípios e nos valores incorporados ao sistema constitucional e os direitos sociais trabalhistas são reconhecidamente direitos fundamentais no Brasil.[339]

Há ainda que se considerar o fato de que as normas fundamentais dos trabalhadores previstas na Constituição permitem a abertura para uma interpretação, no sentido de que a própria Carta Magna determina regulamentação dos direitos expressos no catálogo por meio de legislação infraconstitucional. Trata-se de direitos subjetivos com a dupla eficácia: vertical e horizontal. Em relação à primeira, consiste no direito dos trabalhadores de exigirem do Estado as providências previstas na Constituição, para atender às normas fundamentais, como, por exemplo, o art. 7º, XXII, dispondo como direito dos trabalhadores a redução dos riscos inerentes ao trabalho, por meio de normas de saúde, higiene e segurança. Já a eficácia horizontal confere aos trabalhadores o direito de exigir dos empregadores o respeito rigoroso às normas existentes, além de adotar providências para atendê-las.[340]

---

(338) PEREIRA, Ricardo José Macedo de Brito. *Ação civil pública no processo do trabalho*, p. 151.
(339) COIMBRA, Rodrigo. Direito processual do trabalho no âmbito coletivo e direito objetivo. *Revista de Processo do Trabalho e Sindicalismo*, n. 5, anual, coordenação científica: Gilberto Stürmer, Luciano Martinez e Marco Antônio César Villatore, Porto Alegre: HS, p. 244, 2014.
(340) Cf. PEREIRA, Ricardo José Macedo de Brito. *Ação civil pública no processo do trabalho*, p. 145.

Importante ressaltar, no que diz respeito aos direitos fundamentais sociais dos trabalhadores, que se tratam de cláusulas pétreas, protegidas de qualquer alteração pelo § 4º do art. 60 da CF/88, sob pena de haver retrocesso social na legislação brasileira, o que se entende proibido. Outra discussão relevante, embora não seja objeto de estudo aprofundado nessa pesquisa, é a ligação dos direitos fundamentais, incluindo aqui os fundamentos sociais dos trabalhadores, à questão do mínimo existencial como pressuposto de existência digna dos seres humanos.

Não há consenso doutrinário e jurisprudencial acerca dos limites de aplicação do mínimo existencial, matéria que deve ser constantemente revisada devido a seu estudo ter ligação direta com o contexto de aplicação, muitas vezes, quando *sub judice*, dependendo muito do caso concreto em análise. Assegurar aos cidadãos o mínimo existencial significa dizer que o Estado estará atendendo às duas modalidades de prestações: positivas e negativas, de acordo com a espécie de direito fundamental em discussão. O que não se discute é que a questão do mínimo existencial estar diretamente ligada à dignidade da pessoa humana, e, para assegurar uma existência digna, também se inclui como direito fundamental o acesso ao trabalho em plenas condições de exercício.

A principal alegação teórica é no sentido de que todos os direitos fundamentais estão diretamente ligados à questão do mínimo existencial. Porém, não é tão simples de solucionar o problema, até porque, como dito alhures, avaliar a dimensão do mínimo existencial, exige análise contextual. Como são prestações positivas e negativas do Estado, dependendo das condições econômicas de uma sociedade, nem sempre haverá um impacto mínimo sobre o orçamento público a situação de assegurar o mínimo existencial, por isso, a matéria exige constante revisão de entendimento. Um exemplo de direito fundamental social do trabalhador diretamente ligado à questão em debate, é a previsão do art. 7º, IV, da CF/88, assegurando ao trabalhador salário mínimo, fixado em lei, nacionalmente unificado, capaz de atender a suas necessidades vitais básicas e às de sua família com moradia, alimentação, educação, saúde, lazer, vestuário, higiene, transporte e previdência social, com reajustes periódicos que lhe preservem o poder aquisitivo, sendo vedada sua vinculação para qualquer fim. Sem entrar no mérito de realmente atender a todos os requisitos, é possível dizer que a norma tem ligação direta às condições mínimas de existência e, portanto, também diretamente ligado à dignidade da pessoa humana.[341]

No entanto, a problemática se instala a partir do momento em que se deve definir quais normas realmente são consideradas direitos fundamentais

---

(341)  Cf. SARLET, Ingo Wolfgang. Os direitos dos trabalhadores como direitos fundamentais na Constituição Federal brasileira de 1988. In: *Diálogos entre o direito do trabalho e o direito constitucional:* estudos em homenagem a Rosa Maria Weber, p. 50-4.

de aplicação imediata? Diante da subjetividade do conceito relacionado ao mínimo existencial, o que se observa é que tanto legislador quando o administrador, quando estiverem diante de situações de aplicação ou não dos direitos fundamentais sociais, devem evitar excessos para ambos os lados, seja proteção ou insuficiência desta. Os critérios de ponderação pela razoabilidade e proporcionalidade são os mais indicados na definição pela efetivação ou não do direito fundamental em debate.[342]

A garantia de aplicação e efetividade dos direitos sociais fundamentais, vai ao encontro da segurança jurídica que se espera de um ordenamento normativo. A norma contida no § 1º do art. 5º, da CF/88, é nominada por Ingo Wolfgang Sarlet como

> [...] princípio da máxima eficácia e efetividade das normas definidoras de direitos fundamentais, [...] e que necessariamente também abrange a maximização da proteção dos direitos fundamentais. Com efeito, a indispensável otimização da eficácia e efetividade do direito à segurança jurídica (e, portanto, sempre também do princípio da segurança jurídica) reclama que se dê ao mesmo a maior proteção possível, o que, por seu turno, exige uma proteção contra medidas de caráter retrocessivo, [...].[343]

O mesmo autor ainda ressalta que diretamente ligado ao princípio da dignidade da pessoa humana está o conceito de mínimo existencial, lembrando que a majoritária doutrina refere ir muito além das condições básicas de vida. Diz que "não restam dúvidas de que necessário será justamente o Estado apto a assegurar — de modo eficiente — nunca menos do que uma vida com dignidade para cada indivíduo e, portanto, uma vida saudável para todos os integrantes do corpo social".[344]

Na verdade, nota-se que o mínimo existencial traz importante função limitadora de interferência do Estado na supressão de direitos fundamentais, bem como não deixa de produzir eficácia e efetividade nas relações privadas, como é o caso dos direitos fundamentais sociais dos trabalhadores. Estes vinculam tanto o poder público ao criá-los e regulamentá-los, quanto os entes privados ao aplicá-los.

---

(342) Cf. SARLET, Ingo Wolfgang. *A eficácia dos direitos fundamentais:* uma teoria geral dos direitos fundamentais na perspectiva constitucional. 12. ed. rev. atual e ampl. Porto Alegre: Livraria do Advogado, 2015. p. 382 e ss. subtítulo "A vinculação do poder público e dos particulares aos direitos fundamentais". Também Capítulo 4, "A proteção dos direitos fundamentais em face de suas restrições: âmbito de proteção, limites e limites aos limites dos direitos fundamentais, com destaque para a proteção em face da atuação do poder de reforma constitucional e da assim designada proibição de retrocesso", p. 402 e ss.
(343) *Ibidem*, p. 464.
(344) *Ibidem*, p. 476.

Em busca da concretização dos direitos fundamentais sociais dos trabalhadores, há de se ressaltar o importante papel da ação civil pública proposta no judiciário trabalhista, pois atende ao § 1º do art. 5º da CF/88, uma vez que busca aplicação imediata de tais normas, estando ou não no catálogo. Para tanto, consideram-se todas as garantias previstas no art. 7º da Carta Magna, bem como as demais que visem a melhoria das condições dos trabalhadores, de acordo com a abertura material contida no próprio *caput* deste dispositivo.

No mesmo sentido, entende-se que o instituto processual em estudo, ao ter por finalidade alcançar ao maior número possível de trabalhadores os direitos postulados, atende ao direito fundamental da duração razoável do processo, expressamente previsto no inciso LXXVIII do art. 5º da CF/88. Pela abrangência e características especiais de ação coletiva constitucionalmente prevista, destaca-se a via da Ação Civil Pública como principal meio processual coletivo de aplicação imediata dos direitos sociais dos trabalhadores em tempo razoável.

# Conclusão

Em conclusão do presente estudo, tem-se que a solução do problema proposto poderá ter uma resposta adequada com melhor aplicação da efetividade e instrumentalidade processual. Há de se fazer interpretação buscando uma nova filosofia no direito processual com base também em um novo estudo sociológico atualizado revendo a aplicação deste meio processual que vem sendo cada vez mais utilizado em demandas judiciais. A ação civil pública pode ter de forma global sua origem romana — da ação popular da *rei publicae e rei sacrae*, onde o cidadão detinha, já naquela época, o poder de agir em favor da coisa pública. Já no Brasil, surge na década de setenta por influência dos processualistas italianos.

No âmbito do processo trabalhista brasileiro, verifica-se pela recente pesquisa, que há possibilidade de se utilizar da ação civil pública para a defesa de direitos sociais constitucionais dos trabalhadores e outros que visem a melhoria das condições de trabalho, consoante norma expressa no *caput* do art. 7º da Carta Magna. E também os decorrentes de tratados internacionais ratificados pelo Brasil conforme abertura material prevista no § 2º do art. 5º da Constituição Federal. Em alguns momentos, tem-se que a tutela pleiteada pode extrapolar os interesses de uma determinada categoria, e alguns doutrinadores defendem que para este, o dissídio coletivo movido por sindicatos seria a medida processual adequada por se tratar de direitos individuais homogêneos. Porém, considerando um estudo aprofundado sobre o que se chama de "moderno sistema de acesso coletivo ao judiciário", verifica-se que a finalidade da ação civil pública no processo do trabalho brasileiro é a efetivação o mais breve possível dos direitos e garantias fundamentais dos trabalhadores brasileiros.

Verifica-se que de acordo com as disposições dos arts. 129, III, da Constituição Federal, e 83, III, da Lei Complementar n. 75/93, que há algumas resistências técnicas para postular por meio da ação civil pública no judiciário trabalhista, direitos difusos. A Lei Orgânica do Ministério Público teria causado um desconforto técnico prevendo apenas a defesa de interesses coletivos, não especificando os classificados como "difusos". Atualmente o fato se encontra pacífico na doutrina e jurisprudência atual, pois a atecnia da lei foi superada.

Em relação aos direitos individuais homogêneos, muito embora sejam postulados de uma forma genérica, a doutrina e a jurisprudência nos Tribunais Trabalhistas entendem que e a ação civil pública é o meio processual para postular direitos individuais homogêneos, sejam indisponíveis ou não, no âmbito da Justiça do Trabalho. Verificou-se um problema ontológico no texto do art. 129, III, da Constituição Federal, pois a expressão "interesses individuais homogêneos" somente aparece com advento do Código de Defesa do Consumidor em 1990. Não era uma preocupação do legislador constitucional essa classificação quando da promulgação da Carta Magna. De acordo com o *caput* do art. 127 da Constituição Federal, há possibilidade da defesa dos direitos individuais homogêneos indisponíveis. Porém, o mesmo dispositivo aponta a defesa dos interesses sociais pelo *parquet*. Dessa forma, sendo os direitos dos trabalhadores classificados como direitos sociais, disponíveis ou não, é possível postulá-los por meio da ação civil pública, tendo em vista a ligação direta com os preceitos constitucionais básicos da dignidade da pessoa humana e do valor social do trabalho. Embasa o entendimento aplicação conjunta e interpretativa de forma ampliada dos arts. 127 *caput e* 129, III e IX da CF/88, 83, III, 84 *caput* e 6º, VII, "d", da LC n. 75/93, 5º, *caput* e 21 da Lei n. 7.347/85, e 81, parágrafo único, III, 82, I, 91 e 92 da Lei n. 8.078/90.

A finalidade existencial e finalística do processo trabalhista é permitir a realização e aplicação dos direitos sociais, individuais e coletivos dos trabalhadores. O art. 21 da Lei n. 7.347/85, incluído pela Lei n. 8.078/90, autorizaria, por analogia, o uso da ação civil coletiva para a defesa dos direitos difusos, coletivos e individuais, sem expor qualquer restrição à matéria. Insta referir, no entanto, que não há na Constituição Federal nem nas leis trabalhistas previsão expressa de uso do instituto na Justiça Laboral. Nem sequer há legitimidade *ad causam* prevista ao Ministério Público do Trabalho para uso desse meio processual.

No entanto, reforçando o entendimento de que o uso da ação civil pública configura-se procedimento especialíssimo, dada sua natureza constitucional, e porque o art. 83, I, da LC n. 75/83 autoriza a propositura da ação civil pública na Justiça do Trabalho pelo MPT, tem-se que a ação civil coletiva pode ser proposta na Justiça do Trabalho para postular direitos individuais não homogêneos disponíveis ou interesses individuais puros. Caso seja proposta na Justiça do Trabalho postulando direitos metaindividuais (difusos, coletivos e homogêneos), pelo princípio da instrumentalidade, deve ser convertida em ação civil pública, desde que não viole os princípios constitucionais do devido processo legal, da ampla defesa e do contraditório.

No desenvolvimento da presente pesquisa, é possível afirmar que a ação civil pública é o principal instrumento processual coletivo de aplicação imediata dos direitos fundamentais assegurados aos trabalhadores brasileiros pela Carta de 1988 e por outras normas que visem a melhora da condição social dos trabalhadores. Há de se referir, com especial atenção, ao momento atual de flexibilização das normas laborais. Um olhar atento à posição da sociologia e hermenêutica jurídica justifica as respostas apresentadas ao final do trabalho.

Todavia, após todas as pesquisas desenvolvidas, vislumbram-se as mesmas peculiaridades problemáticas da ação civil pública enquanto processo coletivo, às demandas individuais para se cumprir o princípio da duração razoável do processo no que diz respeito ao trâmite processual, porém, por ser um instrumento coletivo de tutela dos direitos dos trabalhadores, a decisão final do processo se estende a um número maior de beneficiários, considerando os demais instrumentos processuais de tutela coletiva previstos na legislação. Talvez no decorrer dos tempos, se mais bem aproveitado o processo coletivo, o judiciário possa cumprir sua função social de uma maneira mais célere.

# Referências Bibliográficas

ABREU, Leonardo Santana de. A finalidade do processo coletivo. In: *Processos coletivos*. Porto Alegre: HS, 2012.

ALEXY, Robert. *Teoría de los derechos fundamentales*. Tradução de E. G. Valdés. Madrid: Centro de Estúdios Constitucionales, 1997.

BARBOSA MOREIRA, José Carlos. Ações coletivas na Constituição Federal de 1988. *Repro*, v. 61, São Paulo: RT, p. 187-200, jan./mar. 1991.

BARROS, Alice Monteiro de. *Curso de direito do trabalho*. 7. ed. São Paulo: LTr, 2011.

BASTOS, Celso Ribeiro. *Curso de direito constitucional*. 18. ed. São Paulo: Saraiva, 1997.

BAUMAN, Zygmunt. *Modernidade líquida*. Tradução de Plínio Dentizien. Rio de Janeiro: Zahar, 2001.

_____. *O mal-estar da pós-modernidade*. Tradução de Mauro Gama e Cláudia Martinelli Gama. Rio de Janeiro: Zahar, 1998.

BÍBLIA SAGRADA. *Livro de Gênesis*. São Paulo: Edições Paulinas, 1987.

BOBBIO, Norberto. *A era dos direitos*. Tradução de Carlos Nelson Coutinho. Rio de Janeiro: Campos, 1992.

BRASIL. *Constituição da República Federativa do Brasil*. Brasília: Senado Federal, 1988.

_____. *Decreto-Lei n. 5.452, de 1º de maio de 1943*. Aprova a Consolidação das Leis do Trabalho.

_____. *Lei Complementar n. 75, de 20 de maio de 1993*. Dispõe sobre a organização, as atribuições e o estatuto do Ministério Público da União.

_____. *Lei n. 4.717, de 29 de junho de 1965*. Regula a Ação Popular.

_____. *Lei n. 5.869, de 11 de janeiro de 1973*. Institui o Código de Processo Civil.

_____. *Lei n. 7.347, de 24 de julho de 1985*. Disciplina a ação civil pública de responsabilidade por danos causados ao meio ambiente, ao consumidor, a bens e direitos de valor artístico, estético, histórico, turístico e paisagístico (VETADO) e dá outras providências.

_____. *Lei n. 7.853, de 24 de outubro de 1989*. Dispõe sobre o apoio às pessoas portadoras de deficiência, sua integração social, sobre a Coordenadoria Nacional para Integração da Pessoa Portadora de Deficiência — Corde, institui a tutela jurisdicional de interesses coletivos ou difusos dessas pessoas, disciplina a atuação do Ministério Público, define crimes, e dá outras providências.

_____. Lei n. 8.078, de 11 de setembro de 1990. Dispõe sobre a proteção do consumidor e dá outras providências.

_____. Lei n. 8.625, de 12 de fevereiro de 1993. Institui a Lei Orgânica Nacional do Ministério Público, dispõe sobre normas gerais para a organização do Ministério Público dos Estados e dá outras providências.

_____. Lei n. 13.105, de 16 de março de 2015. Código de Processo Civil.

_____. SUPERIOR TRIBUNAL DE JUSTIÇA. *Jurisprudência*. REsp 568734. Julgamento do recurso especial em 19.6.2012 e publicação em 29.6.2012. Disponível em: <http://www.stj.jus.br/SCON/jurisprudencia/doc.jsp?livre=a%E7%E3o+civil+p%FAblica+e+legitimidade+e+minist%E9rio+p%FAblico+e+direitos+individuais+homog%EAneos&&b=ACOR&p=true&t=&l=10&i=2>. Acesso em: 20.9.2012.

_____. Supremo Tribunal Federal. *Jurisprudência*. RE 401.482 AgR. Rel. Min. Teori Zavascki. 2ª Turma. Julgado em 4.6.2013. Publicado em 21.6.2013. Disponível em: <file:///C:/Users/Juliano/Downloads/texto_150466522.pdf>. Acesso em: 18.10.2014.

_____. TRIBUNAL DE JUSTIÇA DO RIO GRANDE DO SUL. *Jurisprudência*. (Apelação Cível n. 70038692612, Nona Câmara Cível, Relator: Marilene Bonzanini Bernardi, Julgado em 29.6.2011). Disponível em: http://www.tjrs.jus.br/busca/?q=a%E7%E3o+civil+p%FAblica+e+compet%EAncia+e+minist%E9rio+p%FAblico+e+direitos+individuais+homog%EAneos&tb=jurisnova&pesq=ementario&partialfields=tribunal%3ATribunal%2520de%2520Justi%25C3%25A7a%2520do%2520RS.%28TipoDecisao%3Aac%25C3%25B3rd%25C3%25A3o%7CTipoDecisao%3Amonocr%25C3%25A1tica%7CTipoDecisao%3Anull%29&requiredfields=&as_q=>. Acesso em: 20.9.2012.

_____. TRIBUNAL SUPERIOR DO TRABALHO. *Jurisprudência*. Processo: RR — 1341-42.2010.5.03.0086. Data de Julgamento: 19.9.2012, Relator Ministro: Aloysio Corrêa da Veiga, 6ª Turma, Data de Publicação: DEJT 21.9.2012. Disponível em: <http://aplicacao5.tst.jus.br/consultaunificada2/inteiroTeor.do?action=printInteiroTeor&format=html&highlight=true&numeroFormatado=RR—1341-42.2010.5.03.0086&base=acordao&rowid=-AAANGhAAFAAAKraAAM&dataPublicacao=21/09/2012&query=Acao Civil Publica legitimidade do Ministerio Publico direitos individuais homogêneos>. Acesso em: 20.9.2012.

_____. TRIBUNAL SUPERIOR DO TRABALHO. *Jurisprudência*. RR 0075700-37.1010.5.16.0009 — Rel. Mauricio Godinho Delgado. Julgado em 17.9.2013, 3ª Turma. Publicado em 20.9.2013. Disponível em: <https://aplicacao5.tst.jus.br/consultaProcessual/consultaTstNumUnica.do?consulta=Consultar&conscsjt=&numeroTst=0075700&digitoTst=37&anoTst=2010&orgaoTst=5&tribunalTst=16&varaTst=0009&submit=Consultar>. Acesso em: 22.10.2014.

_____. TRIBUNAL SUPERIOR DO TRABALHO. *Jurisprudência*. Processo — 3022-84.2010.5.04.0000. Data de julgamento: 8.2.2012. Relator Min. Alberto Luiz Bresciani de Fontan Pereira. 3ª Turma. Publicado em 2.10.2012. Disponível em: <http://www.tst.jus.br/consulta-unificada>. Acesso em: 18.10.2014.

_____. TRIBUNAL SUPERIOR DO TRABALHO. *Jurisprudência*. Processo — 9890500-89.2004.5.09.0007. Data de julgamento: 9.10.2013. Relator Min. Walmir Oliveira da Costa. 1ª Turma. Publicado em 18.10.2013. Disponível em: <http://www.tst.jus.br/consulta-unificada>. Acesso em: 18.10.2014.

_____. TRIBUNAL SUPERIOR DO TRABALHO. *Jurisprudência*. Processo: ACP — 754436-95.2001.5.55.5555. Data de julgamento: 5.2.2002. Relator Min. Ronaldo Alves

Leal. SBDI-2. Publicado em 15.3.2002. Disponível em: <http://www.tst.jus.br/consulta-unificada>. Acesso em: 18.10.2014.

_____. TRIBUNAL SUPERIOR DO TRABALHO. *Jurisprudência.* Processo — 411489-59.1997.5.22.5555. Data de julgamento: 7.11.2006. Relator Min. Lélio Bentes Corrêa. SBDI-1. Publicado em 7.12.2007. Disponível em: <http://www.tst.jus.br/consulta-unificada>. Acesso em: 18.10.2014.

BRAVO, Alvaro Sánchez. La protección de los derechos humanos en la Unión Europea: el impacto de la crisis económica y social. *Seminário Problemas Actuales de La Política Criminal.* Conferência Jornada não publicada.

BRAVO, Alvaro Sánchez; AZEVEDO, André Jobim de; STÜRMER, Gilberto (orgs.). *Congresso Internacional de Direito do Trabalho — Anais.* Porto Alegre: HS, 2014.

BRAVO, Alvaro Sánchez; AVILÉS, Antonio Ojeda. La confrontación de modelos sociales en el cambio de siglo. *RTSS*, CEF, n. 379, oct. 2014.

BRAVO, Alvaro Sánchez; ZENI, Nelson Larrañaga. Los derechos humanos fundamentales en las relaciones laborales. *Revista de Derecho y Tribunales,* ISSN 1688-289X, n. 25, p. 107-122, 2014.

CÂNDIA, Eduardo. *Legitimidade ativa na ação civil pública.* Salvador: Juspodivm, 2013.

BULOS, Uadi Lammêgo. *Constituição federal anotada.* 6. ed. São Paulo: Saraiva, 2005.

CARNELUTTI, Francesco. *Instituciones del proceso civil.* Tradução de Santiago Sentis Melendo. Buenos Aires: Ejea, 1973. v. 1.

COIMBRA, Rodrigo. Direito processual do trabalho no âmbito coletivo e direito objetivo. *Revista de Processo do Trabalho e Sindicalismo,* n. 5, anual, coordenação científica: Gilberto Stürmer, Luciano Martinez e Marco Antônio César Villatore, Porto Alegre: HS, 2014.

DIDIER JR., Fredie; ZANETI JR., Hermes. *Curso de direito processual civil* — processo coletivo. 5. ed. Salvador: Juspodivm, 2009. v. 4.

_____. *Curso de direito processual civil.* 5. ed. Salvador: Juspodivm, v. 4, 2007

DINAMARCO, Cândido Rangel. *A instrumentalidade do processo.* 11. ed. São Paulo: Malheiros, 2003.

DINAMARCO, Pedro da Silva. *Ação civil pública.* São Paulo: Saraiva, 2001.

DONIZETTI, Elpídio; CERQUEIRA, Marcelo Malheiros. *Curso de processo coletivo.* São Paulo: Atlas, 2010.

FERRAZ, Antônio Augusto Mello de Camargo; MILARÉ, Édis; NERY JÚNIOR, Nelson. *Ação civil pública e a tutela jurisdicional dos interesses difusos.* São Paulo: Saraiva, 1984.

FINCATO, Denise Pires. *A pesquisa jurídica sem mistérios:* do projeto de pesquisa à banca. 2. ed. rev. e ampl. Porto Alegre: Sapiens, 2014.

FREITAS, Juarez. *A interpretação sistemática do direito.* 5. ed. São Paulo: Malheiros, 2005.

_____. *O controle dos atos administrativos e os princípios fundamentais.* 5. ed. rev. e ampl. São Paulo: Malheiros, 2013.

GIDI, Antonio. *A class action como instrumento de tutela coletiva dos direitos* — as ações coletivas em uma perspectiva comparada. São Paulo: Revista dos Tribunais, 2007.

_____. *Rumo a um código de processo civil coletivo*. 1. ed. 2. tir. Rio de Janeiro: GZ, 2008.

_____. *Coisa julgada e litispendência em ações coletivas*. São Paulo: Saraiva, 1995.

GRINOVER, Ada Pellegrini (coord.) *et al*. *Direito processual coletivo e o anteprojeto de código de processos coletivos*. São Paulo: RT, 2007.

_____. As garantias constitucionais do processo nas ações coletivas. *Repro*, n. 43, São Paulo: RT, jul./set. 1986.

_____. *Código de defesa do consumidor comentado pelos autores do anteprojeto*. 8. ed. Rio de Janeiro: Forense Universitária, 2004.

GUTIÉRREZ DE CABIEDES, Pablo. *La tutela jurisdiccional de los intereses supraindividuales*: colectivos y difusos. Elcano: Aranzadi, 1999.

KELSEN, Hans. *Teoria pura do direito*. 4. ed. Tradução de João Batista Machado. São Paulo: Martins Fontes, 1994.

LEITE, Carlos Henrique Bezerra. *Ação civil pública na perspectiva dos direitos humanos*. 2. ed. São Paulo: LTr, 2008.

_____. *Curso de direito processual do trabalho*. 10. ed. São Paulo: LTr, 2012.

_____. *Ministério público do trabalho* — doutrina, jurisprudência e prática. 5. ed. São Paulo: LTr, 2011.

LIEBMAN, Eurico Túlio. *Manual de direito processual civil*. Tradução de Cândido Rangel Dinamarco. Rio de Janeiro: Forense, 1984. v. 1.

MACEDO, Elaine Harzheim. Sentenças coletivas: coisa julgada e o princípio do *non bis in idem*. In: ASSIS, Araken de; MOLINARO, Carlos Alberto; MILHORANZA, Mariângela Guerreiro (coord.). *Processo coletivo e outros temas de direito processual:* homenagem 50 anos de docência do professor José Maria Rosa Tesheiner, 30 anos de docência do professor Sérgio Gilberto Porto. Porto Alegre: Livraria do Advogado, 2012.

_____. *Jurisdição e processo*. Porto Alegre: Livraria do Advogado, 2005.

MANCUSO, Rodolfo de Camargo. *Ação civil pública*. 6. ed. São Paulo: Revista dos Tribunais, 1999.

_____. Ação civil pública: análise de alguns pontos controvertidos. *Revista dos Tribunais*, v. 732, p. 11, out. 1996.

_____. Ação civil pública: análise de alguns pontos controvertidos. *Doutrinas Essenciais de Direito do Trabalho e da Seguridade Social*, v. 4, p. 1353, set. 2012. DTR\1996\464.

MARINONI, Luiz Guilherme; ARENHART, Sérgio Cruz. *Curso de processo civil:* procedimentos especiais. São Paulo: Revista dos Tribunais, 2009. v. 5.

MARTINEZ, Luciano. *Condutas antissindicais*. São Paulo: Saraiva, 2013.

MARTINS, Sergio Pinto. *Direito processual do trabalho*. 35. ed. São Paulo: Atlas, 2014.

MARTINS FILHO, Ives Gandra da Silva. *Manual de direito e processo do trabalho*. 19. ed. São Paulo: Saraiva, 2010.

_____. *Processo coletivo do trabalho*. 2. ed. São Paulo: LTr, 1996

MARINONI, Luiz Guilherme; ARENHART, Sérgio Cruz. *Curso de processo civil:* procedimentos especiais. São Paulo: Revista dos Tribunais, 2009. v. 5.

MASI, Domenico de. *O ócio criativo*. Rio de Janeiro: Sextante, 2000.

MATTE, Maurício. Ação civil pública: tutela de interesses ou direitos difusos e coletivos *stricto sensu*. In: *Processos coletivos*. Porto Alegre: HS, 2012.

MAZZILI, Hugo Nigro. *A defesa dos interesses difusos em juízo*: meio ambiente, consumidor, patrimônio cultural, patrimônio público e outros interesses. 16. ed. São Paulo: Saraiva, 2003.

MORAES, Voltaire de Lima. Dos provimentos provisórios na ação civil pública e/ou na ação coletiva. *Direito & Justiça*, Porto Alegre, v. 39, n. 2, p. 197-203, jul./dez. 2013.

MORELLO, Augusto Mario. *Opciones y alternativas en el derecho procesal*. Buenos Aires: Lajouane, 2006.

NASCIMENTO, Amauri Mascaro. *Curso de direito processual do trabalho*. 28. ed. São Paulo: Saraiva, 2013.

NERY JUNIOR, Nelson. *Princípios do processo civil na constituição federal*. 4. ed. São Paulo: Revista dos Tribunais, 1997.

_____. NERY, Rosa Maria de Andrade. *Código de processo civil comentado e legislação processual civil extravagante em vigor*. 6. ed. São Paulo: RT, 2002.

PAULA, Adriano Perácio de. Aspectos da ação civil pública em matéria de consumo. *Revista de Processo*, São Paulo: Thonson Reuters, v. 110, p. 95, abr. 2013.

PEREIRA, Juliana Horlle. *Efetivação dos direitos sociais pelo processo coletivo*: tutela de direitos individuais homogêneos na justiça do trabalho. Dissertação (Mestrado) Pontifícia Universidade Católica do Rio Grande do Sul, Faculdade de Direito, Programa de Pós-graduação em Direito, 2014.

PEREIRA, Ricardo José Macedo de Brito. *Ação civil pública no processo do trabalho*. Salvador: Juspodvim, 2014.

PÉREZ LUÑO, Antonio-Enrique. Dogmática de los derechos fundamentales y transformaciones del sistema constitucional. *Teoría y Realidad Constitucional*, Madrid, n. 20, p. 495-511, 2007. Disponível em: <http://e-spacio.uned.es/fez/eserv.php?pid=bibliuned:TeoriayRealidadConstitucional2007-13&dsID=dogmatica_dchos.pdf>. Acesso em: 26.9.2014.

PORTO, Sérgio Gilberto. *Coisa julgada civil*. 3. ed. São Paulo: Revista dos Tribunais, 2006.

RAMOS, Luis Leandro Gomes; GALIA, Rodrigo Wasem. *Assédio moral no trabalho* — o abuso no poder diretivo do empregador e a responsabilidade civil pelos danos causados ao empregado — atuação do ministério público do trabalho. 2. ed. rev. e ampl. Porto Alegre: Livraria do Advogado, 2013.

RAWLS, John. *Uma teoria da justiça*. Tradução de Almiro Pisetta e Lenita M. R. Esteves. São Paulo: Martins Fontes, 2008.

SANTOS, Boaventura de Sousa. *Um discurso sobre as ciências*. 5. ed. São Paulo: Cortez, 2008.

SARAIVA, Renato. *Processo do trabalho*. 7. ed. São Paulo: Método, 2011.

SARLET, Ingo Wolfgang. *A eficácia dos direitos fundamentais*: uma teoria geral dos direitos fundamentais na perspectiva constitucional. 12. ed. rev. atual e ampl. Porto Alegre: Livraria do Advogado, 2015.

_____. Os direitos dos trabalhadores como direitos fundamentais na Constituição Federal brasileira de 1988. In: SARLET, Ingo Wolfgang; MELO FILHO, Luiz Philippe Vieira de; FRAZÃO, Ana de Oliveira (coords.). *Diálogos entre o direito do trabalho e o direito constitucional*: estudos em homenagem a Rosa Maria Weber. São Paulo: Saraiva, 2014.

SARLET, Ingo Wolfgang; MARINONI, Luiz Guilherme; MITIDIERO, Daniel. *Curso de direito constitucional*. 2. ed. rev. atual. e ampl. São Paulo: Revista dos Tribunais, 2013.

SILVA, Ovídio Araújo Baptista. *Processo e ideologia* — o paradigma racionalista. 2. ed. Rio de Janeiro: Forense, 2006.

STÜRMER, Gilberto. *A liberdade sindical na Constituição da República Federativa do Brasil de 1988 e sua relação com a Convenção n. 87 da Organização Internacional do Trabalho*. Porto Alegre: Livraria do Advogado, 2007.

_____. *Direito constitucional do trabalho no Brasil*. São Paulo: Atlas, 2014.

SÜSSEKIND, Arnaldo. *Curso de direito do trabalho*. 3. ed. rev. e atual. Rio de Janeiro: Renovar, 2010.

TAVARES, André Ramos. *Curso de direito constitucional*. 10. ed. rev. e atual. São Paulo: Saraiva, 2012

TESHEINER, José Maria; MILHORANZA, Mariângela Guerreiro. Temas de direito e processos coletivos. In: *Ações coletivas no Brasil* — atualidades e tendências. Porto Alegre: HS, 2010.

_____. Ações coletivas pró-consumidor. *Revista Ajuris*, Porto Alegre, v. 19, n. 54, p. 75-106, mar. 1992.

TORMO, Mercedes Boronat. Algunas novedades del procedimiento de tutela de derechos fundamentales en la nueva LRJS. *El Derecho*. Disponível em: <https://www.fiscal.es/fiscal/PA_WebApp_SGNTJ_NFIS/descarga/INSTRUCCI%C3%93N%204-2012%20.pdf?idFile=49da4c32-a9d1-4e7b-b491-efa28078d661>. Acesso em: 18.10.2014.

TORRES, Artur. *O processo do trabalho e o paradigma constitucional processual brasileiro*: compatibilidade? São Paulo: LTr, 2012.

TRINDADE, Cançado. *Tratado de direto internacional dos direitos humanos*. 2. ed. Porto Alegre: Sergio Antonio Fabris, 2003. v. I.

VON ADAMOVICH, Eduardo Henrique Raymundo. *Sistema da ação civil pública no processo do trabalho*. São Paulo: LTr, 2005.

WAMBIER, Teresa Arruda Alvim. Litispendência em ações coletivas. *Revista Ajuris*, n. 106, jun. 2007.

WANDELLI, Leonardo Vieira. *O direito humano e fundamental ao trabalho. Fundamentação e exigibilidade*. São Paulo: LTr, 2012.

ZAVASCKI, Teori Albino. *Processo coletivo*: tutela de direitos coletivos e tutela coletiva de direitos. 4. ed. São Paulo: Revista dos Tribunais, 2009.